J. C. Quiniou

Marxismus und Informatik

Jean Claude Quiniou

Marxismus und Informatik

Akademie-Verlag · Berlin
1974

Titel der Originalausgabe:

Jean Claude Quiniou
Marxisme et Informatique, Éditions sociales, Paris 1971

Ins Deutsche übertragen von Joachim Wilke
Wissenschaftliche Bearbeitung: Eberhard Lüdde

Erschienen im Akademie-Verlag, 108 Berlin, Leipziger Str. 3—4

Lizenznummer: 202 · 100/1/74
Gesamtherstellung: IV/2/14 VEB Druckerei »Gottfried Wilhelm Leibniz«, 445 Gräfenhainichen/DDR · 4263
Einbandgestaltung: Nina Striewski
Bestellnummer: 752 225 2 (6094) LSV 0165
EVP 9,80

Inhalt

Kapitel IV

Kapitel V

Anhänge

Verschiebung eines Mythos

Knapp drei Jahre ist es her, daß der Gedanke möglich war, den Angriff auf den Rechnermythos am besten durch Entschleiern zu führen, durch das Beschreiben . . . einer Maschine.

Das mußte getan werden.[1]

Heute ist dieser Mythos nicht mehr Zugnummer. Tausende Lohnarbeiter, Millionen Benutzer schließen gründlich Bekanntschaft mit seiner Realität, einer neuen Realität voller neuer Mystifikationen.

Der Fernsehzuschauer fragt selten nach der Arbeitsweise des Strahlerzeugungssystems, des Herzstücks seines Empfängers; wichtiger ist für ihn die Qualität des Programms, die Einführung des Werbefernsehens, der Regierungseinfluß auf die ORTF und die Höhe der Fernsehgebühren.

Wenn er ins Philosophieren gerät, kommt er selten auf metaphysische Reflexionen im Stil des „Unfaßlichen des flüchtigen Bildes"; er verbreitet sich eher über die wunderbare Befähigung des Menschen, die Naturgesetze zu fassen und auszunutzen. Sein kritisches Urteilsvermögen führt ihn auch zu der Frage, ob die jetzige Organisation der „Gemeinschaft der Menschen" am besten geeignet ist, die unerhörten Quellen der Natur freizusetzen.

Mit der Informatik* mußte es soweit kommen wie mit dem Fernsehen; die Bourgeoisie als Gebieterin der herrschenden Ideologie „manipuliert" ihre Untertanen mit den Rechnern,

---

* Unter Informatik verstehen wir in Anlehnung an den internationalen Sprachgebrauch die Theorie und Praxis der automatisierten Informationsverarbeitung. Also ist insbesondere das einbegriffen, was wir unter Kybernetik/Rechentechnik einordnen. Die Einschränkung des Begriffs „Informatik" auf Probleme der Information/Dokumentation lehnen wir ab. – Anm. d. Red.

wie es womöglich ein Zauberer unter den Ureinwohnern Australiens mit einem Fernsehapparat macht, um die eigene Macht zu festigen ...

Heute ist nicht mehr die Maschine zu demontieren. Zu demonstrieren ist ... die Machination.

Kapitel I

Für eine marxistische Auffassung von der Informatik

Kybernetik, Automatisierung, Informatik ...

Wir haben in diesem ersten Teil noch Anlaß zur Kritik an den „kybernetistischen" Auffassungen Wieners[2], doch weil er der Namensgeber und Begründer der Kybernetik war, müssen wir unbedingt wenigstens seine Definition berücksichtigen:

„Die Kybernetik befaßt sich mit allen Aspekten des Problems der Informationsübertragung und -verarbeitung und der Regelung von Systemen bei Maschinen oder Lebewesen."[3]

Und dieses Problem berührt viele Disziplinen, ausgedehnte Bereiche der modernen Mathematik, der Mechanik, der Elektronik, aber auch der Biologie und besonders der Neurobiologie.

„Kybernetike", die Steuermannskunst der altgriechischen Seeleute, scheint heute verschlungen von der Flut der Leitungs-EDVA, von der Papierschwemme, die sie zu Hunderten Tagestonnen ausspeien; was Wiener nicht hindert, wie ein Neptun der Neuzeit eine feierliche Warnung an die Menschen zu richten:

„Es kommt der Tag, da die Maschinen, intelligenter als ihr Schöpfer, an die Stelle der Menschheit treten, die die freigesetzten Kräfte nicht mehr beherrscht und in einer neuen Sintflut von ihnen verschlungen wird."

Hier ist einiges klarzustellen.

Der „Ordinateur" – Rechner, Computer, Rechenanlage, gegenwärtige Weltanzahl 100000 – ist als programmgesteuerter digitaler Universalautomat zu definieren.

Als solcher ist er theoretisch fähig, Arbeiten zu verrichten, die sich algorithmieren lassen.

Der Algorithmus des Schachspiels zum Beispiel ist heute vollständig definiert, und zwar als Ensemble der Vorschriften und Spielstrategien, durch die ein Spieler fehlerlos in geringster Zeit vom ersten bis zum letzten Zug gewinnt, welchen Weg sein Gegner auch immer einschlägt, wobei jede Spielsituation nicht 4, 5, 6, 7 Züge „im voraus" analysiert wird, sondern um die Gesamtzahl der siegnotwendigen Züge.

Theoretisch kann eine Rechenanlage demnach diese Leistung vollbringen; leider müßte sie dazu beim gegenwärtigen Stand der Technik unendlich größer sein als unser kümmerlicher Planet.

Halten wir zwischendurch fest, daß unser Gehirn mit seinen 12 Milliarden Neuronen „technisch" fähig wäre, diesen Algorithmus zu bewältigen, denn es kann durch das „statistische" Spiel seiner Synapsen eine Anzahl logischer Kombinationen einspeichern, die größer ist als die Anzahl der Teilchen im All; leider müßte es dazu jahrtausendelang lernen, und abgesehen davon, daß es Wichtigeres zu tun hat, als den vollständigen Algorithmus des Schachspiels zu verkraften, hat es effektivere Arbeitsmethoden als das Abarbeiten von (eindeutigen) Algorithmen.

Um beispielsweise einen Kreis von einem Quadrat zu unterscheiden, wird es nicht etwa nachprüfen, ob alle Umfangspunkte gleichen Abstand vom Mittelpunkt haben; den Unterschied weiß es aus Erfahrung zu ziehen.

Trotz dieser Vorbehalte gilt, daß das Operationsgebiet der Rechenanlage, die Millionen Operationen pro Sekunde ausführen kann, sehr weit ist und – wir gehen darauf noch ein – noch größer sein könnte, wenn ihr Anwendungsfeld nicht durch ökonomische und gesellschaftliche Kriterien eingeengt würde.

Die so definierte Rechenanlage ist also eine Maschine zum Speichern, Verwalten und Verarbeiten von Informationen, sofern sich die Verarbeitung auf eine endliche Anzahl von aufeinanderfolgenden, logisch gesteuerten und eindeutigen Operationen zurückführen läßt, d. h. auf einen Algorithmus.

In den logischen Operationen ist auch das sehr wichtige Prinzip des „Feed-back", der Rückwirkung, eingeschlossen, d. h. die Möglichkeit, nach einer durch das Programm vorgeschriebenen Regel das innere Verhalten des Rechners („algorithmischen" Automaten) in Abhängigkeit von den (durch ihn gemessenen) Effekten seines anfänglichen Einwirkens auf das äußere Milieu zu verändern.

Diese Eigenschaft, ja Eigenheit des Computers, die ihn qualitativ von irgendwelchen Rechenmaschinen oder der „klassischen" maschinellen Rechentechnik unterscheidet, wird außer in den wenigen Anwendungsfällen der Automatisierung von Produktionsprozessen selten genutzt.

Schlecht vorstellbar ist, wie eine Rechenanlage, die die Lohnrechnung eines Unternehmens aufstellt, die Abwehrreaktionen der Beschäftigten programmgemäß durch Ändern ihrer Rechnungen berücksichtigen könnte – wenn sich auch vorstellen läßt, daß ein Unternehmer so durchtrieben war, diese Gymnastik vorzuschreiben; dem Programmierer nämlich.

Bei Rechnern, die zur Kontrolle von Produktionsprozessen angewandt werden, kann jene Fähigkeit des Computers dagegen voll wirksam werden (Prozeßrechner).

Der Rechner wickelt hier ein Routineprogramm ab, das auf dem Erfassen der Informationen über die Tätigkeitsparameter des Produktionskomplexes beruht (wie Ofentemperatur, Blechdicke, Druck, Farbe, Viskosität, Kohlenstoffgehalt, Durchfluß usw.); er kann auf alle oder auf einen Teil der Parameter korrigierend „rückwirken". Wenn er eine Abweichung festgestellt hat, erhält er Rückmeldung über die neuen Daten des Problems, das er unablässig zu lösen hat. Wenn ein Parameter die Projektgrenzen überschreitet, muß er aufstecken und das Alarmsignal auslösen; seine Rolle ist zu Ende.

Lebendige Systeme haben noch höher entwickelte Strukturen. Ein Polizist etwa, der dafür programmiert ist, mit seinem weißen Stab den Verkehrsfluß an einer Kreuzung zu regeln, empfängt die Informationen über die verschiedenen Fahrzeugströme. Er analysiert sie und organisiert daraufhin den Durchfluß, was außerdem oft mechanisiert geschieht, mit Fernsehkameras anstelle des wachenden Gesetzesauges und Signalanlagen statt des weißen Stabs. Für den Computer entstünden erhebliche Analyseschwierigkeiten hier daraus, daß eine hochbetreßte Dienstmütze, die im Kraftfahrerstrom auftaucht, absolute Vorfahrt haben soll.

Der Polizist ist also kein Automat, wenigstens kein programmgesteuerter Universalautomat.

Aber es gibt andere Automatenkategorien* mit Eignung für das Einwirken bei Automationsprozessen (oder Automati-

* Der Autor unterscheidet die Automaten teils nach funktionellen, teils nach strukturellen Gesichtspunkten. Genauere Definitionen sind in der einschlägigen Fachliteratur zu finden. – Anm. d. Red.

sierungsprozessen, wenn gelten soll, daß deren Definition die der Automation deckt, aber auch den traditionelleren Mechanisierungsgedanken einschließt: Werkzeugmaschine, selbsttätige Tür, mechanische Treppe, Yaleschloß usw., wobei diese Mechanismen auf ihre Art auch als Automaten betrachtet werden können).

Ebenso stehen die „nichtalgorithmischen" Automaten, die wir jetzt beschreiben werden, durchaus nicht im Widerspruch zu den programmgesteuerten Rechenanlagen. Sie können Peripheriegeräte für diese sein (am Dateneingang oder -ausgang), auch sekundäre Elemente, oder im Gegenteil den Anschluß an einen programmgesteuerten Kleinrechner erfordern, der einige Nebenoperationen ausführt.

Auf der „kybernetistischen" Fährte der (hypothetischen) Turing-Maschine, die jeden Algorithmus lösen kann, wurde lange angenommen (wir gehen darauf noch ein), daß jede menschliche oder tierische Aktivität, jedes Naturphänomen, jedes mathematische Problem auf einen Algorithmus rückführbar und durch Abarbeiten eines Algorithmus lösbar seien.

Dem ist nicht so, wie Church 1936 demonstriert hat.

Andere Automaten hatten nicht das Glück, so verbreitet angewandt zu werden wie die digitalen, programmgesteuerten Rechenanlagen, die so gut Geld zählen und die Herstellerkassen füllen können. Nichtsdestoweniger sind sie zur Welt gekommen, diese armen Kinder einer Wissenschaft, die hin- und hergerissen ist zwischen dem Ansinnen, eine Utopie zu realisieren, und dem vorgeschriebenen Interesse am sofortigen Maximalprofit; denn es gibt zwar nichts dergleichen wie eine bürgerliche oder proletarische Wissenschaft, wohl aber eine arme und eine reiche Wissenschaft, reich nach den bewilligten Mitteln, dem zugewiesenen Endzweck und der geistigen Unabhängigkeit ihrer Forscher.

Der Analogautomat („Simulationsautomat") ist eine Maschine, die denselben mathematischen Gesetzen folgt wie der Realfall, der simuliert (oder studiert) werden soll.

Der Analogautomat gründet sich also auf den Modellbegriff. Bekanntlich folgen zahlreiche Phänomene denselben mathematischen Gesetzen. Man kennt zum Beispiel die „hydraulische Analogie" der Elektrizität; ebenso folgt der elektrische Kondensator bei der Integration von Strömen denselben Gesetzen wie die Integrationen der Mathematik. Das ist heute evident. Doch es bedurfte dazu eines Marx und eines Engels, die es mit dem Grundgesetz des dialektischen Materialismus von der materiellen Einheit der Welt augenfällig machten; es bedurfte eines Lenin zur definitiven Abgrenzung von den Mechanisten, die Einheit und Einzigkeit zusammenwerfen, während die materielle Einheit der Welt ihre qualitative Mannigfaltigkeit nicht nur zuläßt, sondern sie voraussetzt.

Mangels einer entwickelten Technologie haben die Analogieprinzipien bisher keine Umwälzung der angewandten Kybernetik ergeben; sie kamen schließlich weit mehr dem Bemühen der Automatisierungsforschung zugute, das auf der Anwendung algorithmischer Analogien fußt.

J. I. Shurawljow[4] zeigte beispielsweise 1968 auf dem Kybernetikkongreß der UdSSR die Analogien, die zwischen bestimmten höheren Gehirnfunktionen und den Leitungsprozessen der Ökonomie bestehen: Man geht aus von der Analyse der konkreten Tätigkeit des Menschen unter Produktionsbedingungen, der Analyse der Elemente eines Verhaltens, das nicht höhere Formen von abstraktem Denken erfordert; man gibt eine formale Beschreibung der Informationsprobleme, die der Mensch während der Gehirntätigkeit zu lösen hat, wobei verschiedene Abstraktionsstufen durchlaufen werden, und gelangt so zu einer formal-algorithmischen Darstellung von allgemeinen Gesetzen der Informationsverarbeitung durch das Gehirn.

Auf derartigen Algorithmen und einer Forschungsmethode nach Analogieprinzipien fußend, schuf der Ingenieur Kissin ein praktisches Verteilungsprogramm für Ausrüstungen in der Kohleindustrie. Dieses Programm wurde in der Produktion eingeführt und brachte ausgezeichnete ökonomische Ergebnisse.

Auf einem französisch-sowjetischen Kolloquium über die Informatik[5] unterstrich Prof. Napalkow die Bedeutung der Simulierung der höheren Gehirnfunktionen für die Optimierung der wissenschaftlichen Arbeit wie für die Herausbildung einer der wissenschaftlichen Konzeption gemäßen abstrakten Sprache. Er demonstrierte die Möglichkeit, die schöpferische Tätigkeit zu optimieren und so große Zeitverluste durch unrationelle Experimente zu vermeiden.

Wir haben diese Arbeiten künstlich in der Rubrik der Analogautomaten angeführt, obwohl sie eigentlich auf die Aufstellung von „Analog-Algorithmen“ hinauslaufen, die das Simulieren von Gehirnfunktionen erlauben.

Wir hätten sie ebensogut in den Abschnitten über die programmgesteuerten Automaten oder über die Neuronalautomaten anführen können; sosehr trifft es zu, daß sich die materielle Einheit der Welt schwer „in Scheiben schneiden“ läßt, und sei es auch zu pädagogischen Zwecken.

Der Neuronalautomat

Versuchen wir zuerst, ihn zu definieren: Ein Neuronalautomat ist eine Maschine, die ein mehr oder minder ähnliches Verhalten hat wie das Gehirn.

Wir haben mit dem Beispiel des Polizisten gesehen (der Beweis galt für eine animalische Gattung mit weniger differenziertem Verhalten), daß der programmgesteuerte Automat nicht imstande war, Probleme zu lösen, die ein normal durchblutetes Gehirn in einem Sekundenbruchteil lösen konnte.

Wissenswert ist, ob man eine Maschine bauen könnte, die das Gehirn etwas getreuer kopiert als jener Rechner.

„Zwei Möglichkeiten sind geboten: Maschinen bauen zu wollen, die ein ähnliches Verhalten haben wie das Gehirn, oder die Arbeitsweise des Neurons zu analysieren, Schaltkreise mit ähnlicher Arbeitsweise zu bauen und sie zu verknüpfen wie die Neuronen im Gehirn (Nervennetz).

Diese Neuronalautomaten, die noch nicht über das erste Lallen hinaus sind, zeichnen sich gegenüber den numerisch-sequentiellen Automaten dadurch aus, daß sie mehr statistischen Gesetzen folgen und daß ihre Einzelteile, nach dem Ebenbild des Gehirns, gleichzeitig tätig sind.“[6]

Der Neuronalautomat kann etwa, um wieder auf das Beispiel des Erkennens von Kreis und Quadrat einzugehen, durch seine „Vielfachaugen“ einen globalen Bildeindruck (eine Widerspiegelung) der Form haben, der sich wie bei den Retinazellen durch einen (elektrischen) Fluß äußern wird. Dieser wird sich in der Menge von instabilen Elementen (z. B. von Kondensatoren), der „evolutiven“ Struktur des Automaten, ausbreiten, und die Struktur reagiert dann, sobald einer der neuen Gleichgewichtszustände hergestellt ist, durch Entsenden eines Flusses, des ablaufenden „Energie“staus, nach dem „richtigen“

Ausgang, der das Ablesen des Kreises bzw. des Quadrats anzeigt. Bei der „Dressur“ wird, wenn die Ausgangsnachricht nicht zum richtigen Tor geschickt oder im Gegenteil die Antwort richtig ist, ein Straf- und Belohnungssystem angewandt, also eine Schwächung oder Verstärkung der Gleichgewichtsstruktur, die die falsche bzw. die richtige Antwort eingegeben hat.

Diese anderen Automatenklassen, Analog- wie Neuronalgeräte, können Gegenstand der Verleumdung, der Beunruhigung oder der ideologischen Spekulation sein.

In erster Linie bekräftigen sie den Marxschen Satz, daß das Denken nicht von der denkenden Materie zu trennen ist.

Nach dieser Kurzbeschreibung werden wir, ohne formal unterscheiden zu wollen, welche Automatenfamilie den Menschen in dieser oder jener seiner angeblich spezifischen Funktionen ersetzen kann, jetzt die auftretenden idealistischen oder kybernetistischen Tendenzen zu analysieren suchen und danach die marxistische Problemstellung definieren.

Kybernetismus: Der denkende Roboter

„Sobald an jede einzelne Wissenschaft die Forderung herantritt, über ihre Stellung im Gesamtzusammenhang der Dinge und der Kenntnis von den Dingen sich klarzuwerden, ist jede besondre Wissenschaft vom Gesamtzusammenhang überflüssig.“[7]

So stellte Engels das Problem der Wissenschaft in der Einleitung zum *Anti-Dühring*. Diese Auffassung, unmittelbare Konsequenz der materialistischen Geschichtsauffassung und der „Enthüllung des Geheimnisses der kapitalistischen Produktion vermittelst des Mehrwerts“, war seinerzeit schon niveaubestimmend . . .

„So etwa standen die Sachen auf dem Gebiete des theoretischen Sozialismus und der verstorbenen Philosophie, als Herr Eugen Dühring nicht ohne beträchtliches Gepolter auf die Bühne sprang und eine durch ihn vollzogene, totale Umwälzung der Philosophie, der politischen Ökonomie und des Sozialismus ankündigte.“[8]

Bekannt ist, wie Engels den idealistischen Charakter des Mannes entlarvte, der damals schon den Marxismus von links angreifen wollte.

Die herrschende Ideologie hat die Fähigkeit, im passenden Moment auf im voraus bereitetem Boden derartige Kleindenker sprießen zu lassen, die sich um den „Beweis" abmühen, daß die Analysen der Marxisten veraltet und das Handeln der Kommunisten verkalkt seien.

Ob sie nun Jacques oder Jean-Jacques, Monod, Bureau oder Servan-Schreiber heißen, ihr solides politisch-ästhetisch-neuro-biophysiologisch-technisch-informatisches Rüstzeug führt sie stets zu denselben Folgerungen.

Nach Art der Mechanisten des vorigen Jahrhunderts wird der Kybernetist J. Bureau sogleich demonstrieren[9], daß „mathematische Logik und Maschine im Begriff sind, alle – heuristischen – Probleme von moralischen, soziologischen und politischen Modellen zu lösen. Trotz ihrer Komplexität sind sie nicht mehr unzugänglich. Die Erkenntnis hört auf, qualitativ zu sein ... sie orientiert sich auf die Vorhersage; die entsprechende Ethik rehabilitiert das Individuum, das die Klassendoktrinen aus dem 19. Jahrhundert schlechtgemacht hatten."

J. Bureau hat ein ehrgeiziges Vorhaben, die Nutzung des Rechners zur „Aufhebung" der dialektischen Denkmethode, die Engels wie folgt definierte:

„... wenn die Naturwissenschaft bis Ende des letzten Jahrhunderts vorwiegend *sammelnde* Wissenschaft, Wissenschaft von fertigen Dingen war, so ist sie in unserm Jahrhundert wesentlich *ordnende* Wissenschaft, Wissenschaft von den Vorgängen, vom Ursprung und der Entwicklung dieser Dinge und vom Zusammenhang, der diese Naturvorgänge zu einem großen Ganzen verknüpft."[10]

Für J. Bureau dagegen verschwindet „der Glaube an Beschaffenheitsklassen" mit der zunehmenden Quantifizierung. Er ist für den „ständigen Rückgriff auf die logische Ausdehnung als dialektisches Mittel".

Der Rechner wäre die treibende Kraft dieser Ausdehnung.

Jacques Bureau und andere Eiferer der Informatik haben gewiß noch nicht von dem GIGO-Komplex reden hören, der an den amerikanischen Universitäten wütet und von einigen Forschern treffend ins Lächerliche gezogen wird, wenn sie von „Garbage In Garbage Out" sprechen (Müll eingegeben, Müll ausgegeben – Papier, das schnurstracks vom Rechner aus in den Müllkasten geht).

Das wär's also, was die „entsprechende Ethik" der „zunehmenden Quantifizierung" angeht – die als allgemeine Methodologie der Wissenschaft der Wissenschaften, der richtungweisenden Kybernetik, verstandene GIGO-Operation.

Die Marxisten haben nicht jenen Enthusiasmus. Sie sind – bescheidener – noch dabei, sich zu fragen, ob die Informatik schon eine Wissenschaft sei. Dazu gehörte folgendes:

Erstens müßte sie an der Erkenntnis des Realen beteiligt sein, was kaum zu bestreiten ist, wie wir noch sehen werden, und in die Aufstellung von Gesetzen münden, was im jetzigen Stadium der Rechnernutzung noch . . . verifiziert werden will. Man hält sich besser an den weisen Satz von G. Verroust: „Wenn der Rechner arbeitet, kann der Wissenschaftler nachdenken"[11], und konstatiert dabei, daß Phänomene, die früher komplexe Rechnungen ergeben hätten oder unbemerkt geblieben wären, nur klar hervortreten; zum Beleg siehe die (vom Rechner der naturwissenschaftlichen Fakultät in Orsay aufgestellte) Karte der Energien der bei einer Kernreaktion in Koinzidenz emittierten Photonenpaare, die die physikalischen Verknüpfungsgesetze der Energien von koinzidenten Photonen unmittelbar hervortreten läßt.

Wissenschaft oder Technik? Jedenfalls gewiß keine „besondre Wissenschaft vom Gesamtzusammenhang".

Zweitens müßte sie ihren eigenen Raum erkunden und dabei einen gewissen Abstand, eine gewisse Autonomie gegenüber ihrer Instrumentrolle gewinnen, die die Erweiterung der Kenntnis in der Richtung der anderen Wissenschaften erlauben.

Was ihr zur Stunde zuerkannt werden kann, ist die Rolle als Ordnungselement des Denkens und als gesellschaftlicher Faktor; dies wenigstens auf dem Gebiet der Wissenschaft. Auf dem Gebiet der Produktion werden wissenschaftlicher Aspekt und Inhalt der Informatik als Mittel der Erkenntnis des Produktionsvorgangs vielleicht stärker ausgeprägt sein; bliebe zu wissen, ob sie über die Rolle eines Zwischenglieds zwischen Theorie und Praxis hinauskommt.

Als Ordnungselement des Denkens wird sie beim Forscher wie beim Organisator, beim Dispatcher wie beim Techniker wirksam: Sie zwingt dazu, das Strukturdiagramm eines Betriebes ebenso eindeutig zu formulieren wie den Algorithmus eines Experiments, die komplexe Totalität eines Phänomens zu erfassen. Sonderfälle oder Grenzfälle sind zu beurteilen.

Intuition oder „Spürsinn", Subjektivität des Beobachters müssen ihren objektiven Inhalt zum Ausdruck bringen, der meist in einer statistischen Erwartung besteht, einer Resultante aus mehr oder minder meßbaren Komponenten.

Die gesellschaftliche Funktion der Informatik beginnt sich herauszuschälen. Sie kann hier für die Ebene der wissenschaftlichen Forschung umrissen werden:

1. „Mit der Informatik hat die Stunde der individuell-handwerkelnden Forschung geschlagen." [12] Insofern und insoweit, als die Wissenschaft zumindest in ihren fortgeschrittensten Aktivitäten der unmittelbaren Produktion näherrückt, wird sie in die Arbeitsteilung einbezogen. Von den Forschern kann nicht mehr die innige Kenntnis aller der komplexen Ausrüstungen verlangt werden, die sie zunehmend anzuwenden haben.

2. Parallel dazu verstärkt sich die Trennung zwischen den verschiedenen wissenschaftlichen Disziplinen, die durch das Gebot sofortiger Rentabilität gefördert wird, die Abtrennung von Fachrichtungen, die sich immer weniger auf die Grundlagenforschung orientieren.

3. Zugleich macht sich durch den Impuls der Informatik das „natürliche" Kooperationsbedürfnis bemerkbar, das auf die Verwandlung der Forschung in eine gesellschaftlich-kollektive Tätigkeit hinwirkt.

Interessant sind in diesem Stadium der Betrachtung wieder die Marx-Engelsschen Überlegungen über die soziale Macht:

„Die soziale Macht, d. h. die vervielfachte Produktivkraft, die durch das in der Teilung der Arbeit bedingte Zusammenwirken der verschiedenen Individuen entsteht, erscheint diesen Individuen, weil das Zusammenwirken selbst nicht freiwillig, sondern naturwüchsig ist, nicht als ihre eigne, vereinte Macht, sondern als eine fremde, außer ihnen stehende Gewalt, von der sie nicht wissen woher und wohin, die sie also nicht mehr beherrschen können." [13]

Die Informatik erscheint als Anzeiger und Beschleuniger dieser Entfremdung. Ebenso wie das Proletariat, entdecken die Forscher, die geistig Arbeitenden, die Kluft zwischen dem illusorischen Allgemeininteresse als etwas Fremdem, von ihnen Unabhängigem, und ihren als wirkliches Allgemeininteresse verstandenen besonderen Interessen, denn in ihrer Masse sehen sie als (bis auf das zugestandene Bildungskapital) „Besitzlose" durchaus die bestehende Reichtums- und Bildungswelt und sind sehr wohl imstande zu wissen, in welchem Sinne ihre Tätigkeit ausgeübt werden muß, um auf die Entwicklung der Weltproduktivkraft im Sinne des Allgemeininteresses zu zielen, dessen der Produzenten.

Typisch für die herrschende Ideologie ist schließlich ihr Talent, in jeder Erweiterung des Raums der menschlichen Erkenntnis, in jedem Werkzeug seiner Erkundung das Allheilmittel für die Konsequenzen der aus dem Klassenkampf entstandenen Gegensätze zu entdecken.

Zur Veranschaulichung kann wieder auf die wackeren Seiten der *Ère logique* eingegangen werden. J. Bureau hat sich – wir kommen darauf zurück – die Sympathien aller Informatik-Zeitschriften und die Bewunderung des Chefredakteurs der Anarchistenzeitschrift *Hara Kiri* zugezogen, will sagen, daß das Lächerliche dieser Redereien nicht immer wahrgenommen wird.

Für J. Bureau kündigt sich mit dem mathematischen Modell ein komplexes Weltmodellierungssystem an, bei dem durch Abtasten des Möglichen die Antagonismen des Systems selbst geregelt oder die betreffenden Grenzen definiert werden können.

Nicht so denkt Herr Valéry Giscard d'Estaing, der wohl dazu neigt, den Computer auf vielen Gebieten zu mystifizieren, auf dem eigenen aber, dem der Finanzen, weit vorsichtiger ist:

„Bei gewissen Finanzproblemen, so beim Inordnungbringen des internationalen Währungssystems, kann die Informatik nicht zum Lösen dienen. Die Informatik geht aus von bekannten oder festgestellten Gesetzen, innerhalb derer man dann statistische Elemente zur Bearbeitung einführt. Nun ist die Kenntnis der Gesetze in Währungssachen durchaus nicht definitiv, sie ist noch erheblich umstritten." [14]

Diese Lektion in Bescheidenheit zu bedenken, stünde unseren Jahrtausendwende-Prognosemachern wohl an, bei denen das Jahr 2000 nach ihrer „Demonstration", daß die Informatik allen Problemen des Kapitalismus entspricht und seine Widersprüche sämtlich löst, die von J.-J. Servan-Schreiber so geliebte technokratische Ethik bis zum Delirium steigert.

Hören wir J. Bureau:

„Der Mensch der Komplexität, in Fühlung mit der Realität lebend, ... wird eine über die traditionellen Grenzen hinaus geweitete und gedehnte Optik haben ... Die Aufhebung der beschränkten Begriffe Nation, Moral, Hierarchie, Klasse wird ihn einem Weltstandpunkt (mondialisme) entgegenführen, dessen Doktrin er durch entwickeltere demokratische Konsultationsverfahren als die unseren – Erhebungen, Gruppendynamik usw. – herausarbeiten wird."

Die ganze schöne Aussicht dann dank dem schrankenlosen Fortschritt der Menschheit auf der Basis einer ständigen und stetigen Zunahme der „Kenntnisse", der Information; dieser Glaube, daß der Fortschritt der Wissenschaft sich durch „Akkumulation der Kenntnisse" machen werde, daß sich jede Realität mit einer und derselben Methode erkunden lassen könne und daß schließlich alle politischen und sozialen Probleme mit derselben Methode gelöst werden könnten, war schon einmal für manche ein unbestrittenes Dogma, und zwar im 18. Jahrhundert.

Dieser Ansicht war auch noch Auguste Comte; mit ihr verstand sich außerdem das „Abtreten der Philosophie".

Viele Wissenschaftler von heute, die durch diese Schule der wissenschaftstümelnden Ideologie, des „nichtidealistischen und nichtmaterialistischen dritten Weges" gegangen sind, sind wie jene schnell dabei, jede Philosophie zu verwerfen, ohne zu sehen, daß dies eine ganz abgedroschene Philosophie ist. Diesen dritten Weg – den manipuliert die Bourgeoisie gekonnt, und dies nicht nur, wie wir sehen werden, auf dem Gebiet der Politik, sondern auch auf der grundlegenden Ebene „ihrer" Philosophie der Naturwissenschaften.

Es ist noch nicht so lange her, daß Mathematiker wie Physiologen – wiederum unter Zusammenwerfen von Einheit und Einzigkeit – nachdrücklich die Analogie von Neuronen und Kathodenröhren nach dem Alles-oder-nichts-Gesetz behaupteten. Die „Tore" eines Transistors[15] müssen offen oder geschlossen sein, die Binärzahl enthält nur die beiden Zeichen O und L; wir haben eine linke Hand und eine rechte Hand; ein Referendum verlangt ein Ja oder ein Nein; das alles ist wohlbekannt; wenn man ein bißchen nachhilft oder viel Phantasie hat, ist daraus schnell eine Forschungsstrategie, eine Denkweise gemacht.

Es ist vereinfachender Voluntarismus. Beachtet wird nur der formale Aspekt eines Ergebnisses: Ein Ferritkern[16] ist positiv oder negativ orientiert. Willkürlich übergangen wird der komplexe *Hysteresis*prozeß, der den einen oder den anderen der beiden Zustände herbeigeführt hat. Und so macht man schließlich die Alles-oder-nichts-Regel zu einem Universalgesetz.

Unter diesem Gesichtspunkt ist es von Interesse, die Meinung Louis Neels zu kennen, der seinen Physik-Nobelpreis besonders für seine Arbeiten über die Hysteresisschleifen und die Kippmechanismen der Magnetisierung erhielt:

„Wenn man nachdenkt, kann man die Masse der Berechnungen fast immer auf Weniges zurückführen und die Rechnerzeit um eine Zehnerpotenz verringern. Die jungen Physiker neigen dazu, blindlings draufloszugehen und vom Rechner das Bereitstellen aller nur möglichen Hypothesen zu verlangen, unter denen sie dann jene auswählen, die nach ihrem Dafürhalten den besten Annäherungsweg ergeben ... Da der Rechner nur ein Werkzeug ist, ist es an ihnen, der Maschine ihr Verhalten vorzuschreiben." [17]

Wir haben in diesem ersten Teil zu sehr zwischen den auftretenden mechanistischen und idealistischen Tendenzen in Computerfragen getrennt.

Sie ließen sich alle unter einen Hut bringen, den des Dogmatismus, denn darauf läuft schließlich ein Denken hinaus, das den dialektischen Materialismus beiseiteläßt und die Grenze der Analyse nicht von der gesellschaftlichen Praxis her bestimmt.

Dieser mechanistische Dogmatismus verdient noch einige Illustrationen als bescheidenen Beitrag zu seinem Narrenbrevier.

Dr. John C. Loehlin von der Universität Austin (Texas) stellt das Programm eines Rechners auf, der den Ödipuskomplex aufspüren und reduzieren kann, und definiert die Tugenden seiner Maschine wie folgt:

„Eine Persönlichkeitsmaschine gestattet es, unsere Vorstellungen von den grundlegenden Prozessen, die die Persönlichkeit aufspannen, auf die Probe zu stellen; sie gestattet es, die Konsequenzen neuer Vorstellungen zu diesem Thema zu erkunden. Die Maschine gestattet auch, Vorstellungen zu klären oder sie zu übertragen." [18]

Wer das Meiste kann, vermag am wenigsten; Giscard d'Estaing wäre eine Texasreise anzuraten, obwohl der bezaubernde Landstrich ihm gewiß darob gram ist, daß er öffentlich gesagt hat: „Die Computer hatten beim Durchrechnen eines Operationsforschungsmodells auf den Hubschraubereinsatz in

Vietnam geschlossen, während die Erfahrung demonstriert hatte, daß diese Entscheidung strategisch trostlos war." [19]

Die verschwommene Naivität eines Loehlin sollte nicht überraschen. Ein anderer namhafter Physiologe, nun aber ein Lehrmeister der aufkommenden Kybernetik, W. R. Ashby nämlich, scheute sich 1951 nicht zu behaupten:

„Die Physiologen lassen als Arbeitshypothese gelten, daß die Arbeitsweise des Gehirns die einer Maschine ist."

Man „steckt in einer Schleife", wie die Programmierer sagen, wenn ihr Programm nicht in der gewünschten Reihenfolge abläuft, Operaration um Operation, sondern sich wegen eines logischen Fehlers in einem begrenzten Befehlsbereich festläuft, den der Rechner „in Schleifen" realisiert, ohne herauskommen zu können.

Um die Analogie weiterzuführen, sei hier die Gewohnheit der Programmierer übernommen, den verschiedenen Teilen eines Programms vertraute Namen zu geben. Nennen wir unsere Schleife Francine.

Francine – diesen Namen hatte Descartes seinem anthropomorphen Automaten gegeben, der sich fortbewegen und einige Bewegungen ausführen konnte.

Descartes sah zwischen Francine und einem Tier nur einen quantitativen Unterschied der Komplexität, wobei der Mensch seinerzeit außerdem ein Bewußtsein besaß. Mit den Mechanisten des 18. Jahrhunderts wurde aus Francine ein Mensch mit Komplexitätsabstrich. Mit Turing wurde Francine 1936 fähig, jeden Algorithmus zu lösen; mit Shannon war sie 1937 imstande, jede logische Überlegung hervorzubringen. Mit Loehlin bekommt sie das Vermögen, den Ödipuskomplex aufzulösen.

Nichts Erschütterndes, dies, für Vaucansons Ente, deren Automatismus derart war, daß sie wahrhaftig die Illusion des Lebens bot[20].

Klerikalismus: Der denkende Halm im Winde

In der „sozialen Praxis" ist nicht die „Illusion des Lebens" vorwaltend, sondern das Leben selbst.

Herr Pierre Lhermitte vom gleichnamigen Bericht setzt ganz ohne Arg – wir kommen darauf zurück – die Ziele auseinander, die die Bourgeoisie der Informatik stellt:

„Das wahre Problem der Informatik ist, die auf den Arbeitsmarkt gelangenden Jugendlichen auf produktive Tätigkeiten zu orientieren ... Der Einsatz (Die Wettsumme der Informatik) auf Landesebene sind also weitere 1200000 industrielle Arbeitsverhältnisse, d. i. 15% der industriellen Population von 1985."[21]

Diese Aussage hindert die Denker der Technokratie keineswegs daran, ein Zurückgehen der Arbeiterklasse vorherzusagen, und die Zeitung *Le Monde* nicht daran, sich mit schmückendem Beiwerk derart über die „bestürzenden Perspektiven" des Lhermitte-Berichts auszulassen, daß man annehmen muß, die denkenden Roboter bedrohten die Oberherrschaft der Menschen.

Edgar Faure, weiland Minister für Bildungswesen, brachte in einer Senatsrede vor, daß die „ordinateurs" (die „ordinatique", wie er sagt!) womöglich für die Mai-Ereignisse 1968 verantwortlich seien, denn sie verursachten „eine bedenkliche Verletzung der menschlichen Intelligenz ..., wenn sie entscheiden, statt auszuführen". Allerdings würden sie, wenn sie die Entscheidungen ausführten, statt sie mit herbeizuführen, weniger Schädelverletzungen verursachen als die Dingsdas der Sicherheitstruppen. Es sei denn, daß Francine bei Marcellin zum Waffenträger wurde ...

Das ist dann gewiß das Teufelswerk Satans, der die Menschen in ihrem maßlosen Dünkel noch ermunterte, so daß sie die Stelle des Schöpfers einnehmen wollten und Denkmaschinen erfanden.

Die Gefahr hält sich übrigens in Grenzen, und die besten Theologen sind eher geneigt, jene mechanischen Hirne zu belächeln, die da seelenlos bleiben werden bis ans Ende der Zeiten ...

Unter diesem Gesichtspunkt gelang Luce Langevin eine ausgezeichnete Zusammenstellung der letzten Bocksprünge des Idealismus von Pascal bis Chauchard[22]. Das Aktionsfeld dieser spitzfindigen Kapriolen verengt sich immer mehr. Dennoch ist auf sie einzugehen. So schreibt Paul Chauchard als führender Denker der katholischen Universität in seinem Artikel über „Die künstlichen Hirne": „Der Geist, dieses flüchtige Etwas, ist nicht zu lokalisieren."

Und der Pater Dominique Dubarle schreibt als Mitverfasser einer neueren Veröffentlichung des Katholischen Zentrums der französischen Intellektuellen, *L'ére des Ordinateurs*, nach Anrufung der Mathematiker Cantor, Gödel und Borel zum Thema „Rechenmaschinen, Sprache und Denken":

„Das exakte Denken ist selbst noch etwas anderes als die strenge Handhabung einer exakten Sprache, und auch in dem Augenblick, da man imstande ist, den Maschinen die Aktion der Sprache anzuvertrauen, haben die Maschinen deswegen noch nicht das allerletzte Wort.

Man kann auf viele Arten an diesem Ergebnis herumkritteln, das in das Denken selbst und bis zur Stufe der reinsten Wissenschaft ... eine nunmehr unwiderlegbare Spaltung hineinbringt ... Das wahre Denken erschöpft sich nie in der Sprache ...

Wir stellen uns Maschinen als ‚denkend' vor, die an sich nichts weiter sind als spezialisierte Mittel zur Verfügung der Generalintendantur der Sprache. Das aber deswegen, weil uns nicht mehr danach verlangt, jenseits der Verhalten und der Dinge der Sprache die nicht reduzierbare Gestalt jenes Wesens zu sichten, das wohl die Gebärden des Körpers und die Werke der Rede hervorbringt und doch eine Energie bei sich behält, die für immer über die Vergegenständlichung der Körper hinausgeht ..."

Unüberschreitbare Schranke für die Wissenschaft, Unerklärlichkeit gewisser Aspekte des Denkens, die ins Metaphysische schlagen – das sind die Folgerungen, deren sich implizit auch der Physiologe Paul Cossa in seinem Buch *Du cerveau humain aux cerveaux artificiels* (1954) anschließt.

Cossa untersucht alle Realisierungsmöglichkeiten der Maschinen und alle (teils bereits als anfechtbar erwiesenen[23]) wissenschaftlichen Einwände, die seinerzeit durch die Hoffnungen gewisser Kybernetiker auf ein mögliches Denken der Roboter hochkamen, und schreibt dann tatsächlich auf der letzten Seite seines Buches:

„Es ist seltsam, daß dieser Triumph des menschlichen Geistes selbst für manche daran Beteiligte Anlaß sein konnte, das Primat des Geistes zu leugnen."

Der Satz ist Rechtfertigung für den Pascalschen Gedanken, der als Motto auf die erste Seite gesetzt ist:

„Man soll sich nicht täuschen, wir sind ebensosehr Automaten wie Geist."

Also, die Automaten der Wissenschaft und der Technik! Den Geist, das Bewußtsein, den Endzweck der Religion! Es ist der reinste Dualismus, der ein kategorisches „Nein" zu der von den Großtaten der künstlichen Hirne aufgeworfenen Frage diktiert.

Dieses kategorische „Nein" ist jedoch nicht die einzige Gestalt, in der der Idealismus auftritt.

Er kommt schließlich jedesmal zum Vorschein, wenn die Reflexion nicht den dialektischen Materialismus zur Richtschnur hat.

Wiener, der nach den schon zitierten Äußerungen gegen den Idealismus (Besorgnis über Roboter, die intelligenter wären als der Mensch) gefeit schien, ist der Ansicht, daß „Information Information ist ... weder Materie noch Energie".

Dabei scheint Wiener nicht nur zu vergessen, daß die statische Information einen Träger (Kern, Karte, Platte, Band) und die in Bewegung befindliche Information Elektroenergie nötig hat, daß also die Information ohne Materie und Energie nicht existieren würde, sondern es müßte obendrein angenommen werden, daß die Information eine von „dem realen Weltinhalt unabhängige Geltung" habe, wie Dühring von der Mathematik behauptete. Dann allerdings ist alles möglich.

Es kann kaum erstaunen, J. C. Loehlin (schon im Roboter-Abschnitt zitiert, aber die Extreme berühren sich) nun „erklären" zu hören:

„Manche können (bei persönlichkeitsbegabten Modellen) eine ‚Aura' schwarzer Magie empfinden. Vielleicht ist es nicht ganz unerläßlich, ihre Illusionen zu zerstreuen. Schließlich weisen viele komplexe Programme zugleich einen erschreckenden und wunderbaren Charakter auf."

Da ist es passiert: Das Methan der Wälder von Brezilian, laut strengem Geheiß weder Materie noch Energie, wird Irrlicht. Der ehrenwerte Doktor, Lehrkraft für Psychologie und Naturwissenschaften, jagt sich schon selber Angst ein, projiziert in seine Maschine hinein ... die eigenen inneren Kourigane:*

---

* Der Sage nach war der Zauberer Merlin von einer Fee in die Wälder von Brezilian (Bretagne) gebannt. Ein Kourigan ist ein unheilverkündender böser Geist, nach bretonischer Sage. – Anm. d. Red.

„Angenommen, wir seien schon an einem Punkt, wo es uns möglich wäre, Nachbildungen existierender Persönlichkeiten zu konstruieren. Wären wir dann nicht bald versucht, über dieses Stadium hinauszugehen und uns auf das Konstruieren neuer Persönlichkeitsarten einzulassen?

Wie würde unsere Wechselwirkung mit einem dieser Programme aussehen?

Was für eine Autonomie wollten (oder wagten) wir ihm (zu) geben?"

Sein „Alkest im Exil", wie Alain Duhamel[24] von R. Garaudy sagt, wagt zu äußern: „Die wahre ästhetische Bildung ist ein Gebet um den rechten Gebrauch des Rechners."[25]

Die Entfremdung der Religion lösen, den Glauben integrieren zu wollen, um ihn aufheben zu können, ist eine ebenso mitfühlende Haltung wie das Wirken für das „kybernetisierte Aufblühen unserer Subjektivität". Die klerikale Nachhut, stets darauf bedacht, ihre ermatteten Schäfchen durch lyrisch-behavioristische Schönrednerei wieder zu sich zu holen, wird freilich zu gegebener Zeit anmahnen, daß man besser nicht zuviel mit jenem „unfaßlichen" Etwas Geist herumspielt: Man verliert dabei letzten Endes den Kopf.

Dialektischer Materialismus: Das Denken in Bewegung

Der Minister für Post und Fernmeldewesen, Robert Galley, verliert dagegen nicht den Kopf:

„Die erste Anwendungsvorstellung von Rechenanlagen führt also zur Anwendung für Verwaltungsarbeiten, mit Konzentration hauptsächlich auf die Verbesserung der Produktivität."[26]

Pierre Lhermitte präzisiert den Standpunkt des staatsmonopolistischen Kapitalismus:

„Die Informatik stellt einen wichtigen zusätzlichen Beschleunigungsfaktor der Konzentrationsbewegung der Unternehmen dar."[27]

Der Realismus der ökonomischen Machthaber hat das Verdienst, die verblendeten oder panikmacherischen Visionen der Jahrtausendwende-Prognosemacher, der Supervorkämpfer der wissenschaftlich-technischen Revolution zu relativieren.

Das macht ihn nicht etwa zum Schlußpunkt des Ideenstreits über und um die Informatik, aber er ist nicht davon zu trennen, weil er wenigstens dazu nutzt, die triumphierenden Mechanisten bei ihren verwegenen Spekulationen zur Raison zu rufen: Die politische und ökonomische Realität konstituiert die Einhüllende der philosophischen Debatte.

Desgleichen kann der Marxist, was den Rechner angeht, nicht bei der Gleichung Bewußtsein-Gehirn stehenbleiben, deren Lösungen genauen Aufschluß über den Stand des Wettkampfs zwischen dem Menschen und der von ihm geschaffenen Maschine zu ergeben hätten. So angestellt, ist die Debatte steril:

„Die Philosophen haben die Welt nur verschieden *interpretiert*, es kömmt drauf an, sie zu *verändern*.“[28]

Hinzuzufügen ist, daß sich ihre „Interpretation“, statt von der Komplexität, Fülle und Mannigfaltigkeit des Sozialerbes der Menschen ausgehend Rechenschaft vom Denken zu legen, auf das Studium der Gehirntätigkeit beschränkt oder sich im Gegenteil im Morast der unerforschlichen Zwecke festfährt.

Da dies ganz klar ist, sei nun die Annahme zugelassen, der denkende Roboter, der Gefühl haben und „Happy Birthday“ oder „Veni Creator“ singen kann, sei eine mögliche . . . Denkannahme.

Nehmen wir an, der gegenwärtige Stand von Wissenschaft und Technik erlaube es, cin neuronales Modell zu konzipieren, das so vollkommen und komplex ist wie das wirkliche Gehirn eines entwickelten Tieres.

Nehmen wir weiter an, daß sich ein Automat konzipieren lasse, der beim Verlassen der Fabrik dieselben Möglichkeiten, dieselbe „Hardware“, dasselbe Nervenzellen„äquivalent“ hat wie das neugeborene Kind.

Nehmen wir weiter an, nach den besten Prinzipien einer Wissenschaft, die zu ersinnen bleibt, der Neurokybernetо-Biotaxie, habe er sich vermittels Einführung des Äquivalents der Reizübertragung des Nervenimpulses Synapsen geschaffen, sich durch Lernhandlungen eine anatomische Hirnstruktur gegeben, die sich bei jeder neuen Lernhandlung strukturell verändert. Was dann? Dann wäre dieser Automat immer noch „slaved“, um den Ausdruck der Informatiker zu übernehmen.

Sein Bewußtsein . . . gäbe es nicht, denn es ist nur vorstellbar bei einer wirklichen Aneignung des äußeren Milieus durch einen Prozeß aktiven und wechselseitigen Austauschs biologischer, ökonomischer, kultureller und sozialer Art mit dem äußeren Milieu.

Seine Persönlichkeit befände sich außer ihm, in der Gesellschaft der ihm gegenüber präexistenten Menschen. Der sowjetische Psychologe Wygotski bestimmte die „Grenzen" des menschlichen Bewußtseins wie folgt:

„Es besteht keine Hoffnung, die Quellen des freien Handelns in den Höhen des Geistes oder in den Tiefen des Gehirns zu finden . . . Um seine Quellen zu entdecken, muß über die Grenzen des Organismus hinausgegangen werden, und zwar nicht in die vertraute Sphäre des Geistes, sondern zu den objektiven Formen des *gesellschaftlichen Lebens*; die Quellen des menschlichen Bewußtseins und der menschlichen Freiheit sind in der Sozialgeschichte der Menschheit zu suchen."[29]

Und wenn wir sehen sollten, daß das verhexte Druckwerk des Rechners Geschichte schreibt, wie einst die vornehme Nachtigall der Ming-Periode, dann wünschen wir ihm viel Spaß.

Wir haben unterwegs die unzulässigsten Zugeständnisse an die Behavioristen[30] gemacht, indem wir annehmen ließen, daß das Modell denselben Komplexitätsgrad erreichen könne wie das eingangs als Vorbild verwendete Gehirn.

Das ist natürlich unsinnig, denn die „Kopie" könnte bestenfalls die ganz auf einen gegebenen Zeitpunkt unseres Kenntnisstands bezogene Vorstellung wiedergeben, die man sich von dem Original macht. Aber das ist nicht einmal der springende Punkt, denn der Behaviorist ist ja gerade unfähig, nach dem gegenwärtigen Stand unserer Kenntnisse bündig Rechenschaft von der Organisation eben des Ausgangssystem zu legen, das als Vorbild dienen könnte.

Obwohl sich die Summe der menschlichen Kenntnisse seit der Zeit, da Lenin *Materialismus und Empiriokritizismus* schrieb, verfünffacht oder verzehnfacht hat, sind sehr viele Kybernetiker von heute nur über den Standpunkt des Empiriokritizismus (das Denken ist keine Funktion des Gehirns, das Gehirn ist nicht das Organ des Denkens, die Empfindungen sind in einer bestimmten Verbindung psychische, in einer anderen dagegen, „wenn auch identische", physische Elemente) „hinausgegangen", um wieder in den mechanischen Materialismus des 18. Jahrhunderts zu verfallen, für den der Mensch genauso Maschine war, wie für Descartes das Tier.

Und nur die wenigsten beachten den kulturellen Sachverhalt – die Materialien des Denkens, die ihrerseits Frucht des vereinigten Denkens der anderen Menschen sind – in seiner Mannigfaltigkeit und Bewegung.

Diese Leute spotten nun über die „beschränkten Begriffe" der Marxisten – Nation, Klasse usw. –, über den „Idealismus" ihres Glaubens an den Fortschritt der Menschheit. In *Ludwig Feuerbach und der Ausgang der klassischen deutschen Philosophie* erwidert Engels gerade auf diese verleumderischen Attacken:

„Alles, was die Menschen in Bewegung setzt, muß durch ihren Kopf hindurch." – „Die Einwirkungen der Außenwelt auf den Menschen drücken sich in seinem Kopf aus, spiegeln sich darin ab als Gefühle, Gedanken, Triebe, Willensbestimmungen, kurz, als ‚ideale Strömungen', und werden in dieser Gestalt zu ‚idealen Mächten'. Wenn nun der Umstand, daß dieser Mensch überhaupt ‚idealen Strömungen' folgt und ‚idealen Mächten' einen Einfluß auf sich zugesteht – wenn dies ihn zum Idealisten macht, so ist jeder einigermaßen normal entwickelte Mensch ein geborner Idealist, und wie kann es da überhaupt noch Materialisten geben?"[31]

Wenn das und nichts weiter gemeint ist, haben Bureaus knöpfchendrückende Logiker gewiß zu bedeuten, daß man uns für morgen Robotermenschen verheißt.

Und das ist schließlich das philosophische Fundament der Fehler der Kybernetisten: Da sie den Menschen nur als Maschine sehen, nach Belieben steuer- und fronpflichtig zu machen, der Konsumgesellschaft unterworfen, vom Fernsehen verdummt und verroht, justierbar durch Entladen des Emotionsüberschusses auf dem Diwan und Wiederaufladen mit Orgon, regelbar durch gezielte Beschallung mit computerberechneten Psychostrukturen, durch Einschleifen von Ventilen und Instandsetzen von Dämpfern, die bei der Ödipuskollision beschädigt wurden, können sich unsere Kybernetiker unschwer einbilden, daß sie eine Maschine bauen könnten, die das getreue Abbild dieses „Malochers" wäre.

Aber dieses philosophische Fundament ist selbst nur Widerspiegelung einer anderen „Natur der Dinge" – der Schwierigkeiten des Kapitalismus. Wie Chagrinleder schrumpft mit der Entwicklung der Wissenschaften das Feld der „Dinge an sich" als Bezugspunkte aller Koordinaten, das Feld der durch Offenbarung gegebenen, unantastbaren Universalgesetze, die solide sind wie eine Fabrik und ewig wie der Profit.

Der Zweifel, das Infragestellen gewinnen Boden. Dies alles soll zum Stehen gebracht, den Menschen aber eine Art „Marschziel 1980 oder 2001" geboten werden, dem sie dann munter entgegengehen.

Der Fortschritt durch Akkumulation (von Kenntnissen und Kapital), der Fortschritt in der Stabilität, durch kybernetische Selbstregelung – das ist das Programm. Und hierzu bedarf es wohl nach J. Bureau dringlich der Aufstellung eines Gesetzes der sozialen Ökonomie, das solides Bindeglied zwischen der allgemeinen Theorie des Seins und der sozialen Theorie wäre.

Aufzustellen wäre der Universalgraph des sozialen Fortschritts auf der Grundlage der Entwicklung der menschlichen Integration, und dabei wäre gewiß zu sagen:

„Die Sozialisierung einer Klasse drückt sich in dem Wachstum ihrer kollektiven Macht sowohl über die Menschen als auch über deren Eigentum aus . . . Der Klassenkampf ist auf die Errichtung von Gleichgewichtsformen zwischen den sozialen Kräften gerichtet."

Freilich wurden diese Worte, die man sehr gut einem Edgar Faure oder einem Schreiber zuschreiben könnte, zu Beginn des Jahrhunderts von Suworow geäußert, einem der von Lenin entlarvten Pseudomarxisten, die wenige Jahre vor der Oktoberrevolution den Handlungsspielraum der Bourgeoisie im ideologischen und politischen Kampf angaben.

Ihre Gleichung war schlecht aufgestellt, ihr Sozialismusmodell schief. Sie haben verspielt.

Wir haben in diesem Kapitel zu zeigen versucht, wie nichtig die kybernetistische oder metaphysische Haltung ist. Ebenso nichtig wäre die Annahme, daß sie unter den Schlägen der dialektisch- und historisch-materialistischen Heuristik von der Bildfläche verschwinden werde, gleichsam durch natürlichen Tod.

Wir werden nun darlegen, wie mit der Kybernetik als unerhörtem Potential neuer vergesellschafteter Produktivkräfte die Stunde der kapitalistischen Produktionsverhältnisse schlägt.

Es wäre dabei in derselben Art nichtig, sich einzubilden, daß die Revolution, das treibende Moment der „Großen Wandlung", die das „Abgleichen" von Produktionskräften und -verhältnissen erlaubt, sich von selbst machen werde, sozusagen wie eine chemische Reaktion, ohne Dazwischentreten der Arbeiterklasse und ihrer Verbündeten in einem konkreten politischen Kampf, der aus dem Antagonismus zwischen Proletariat und Bourgeoisie erwächst.

Diese Ausführungen über Rechner und Kybernetik können bestenfalls die Kampfsituation präzisieren. Hoffen wir, daß die folgenden Kapitel darüber hinaus den Ingenieuren, Technikern, Studenten das Unvermögen des kapitalistischen Systems zeigen, ihre produktiven Fähigkeiten freizusetzen, dem Zweck ihrer Arbeit einen Sinn zu geben, und sie dadurch anregen, an der Seite der Arbeiterklasse an den nahenden Kämpfen teilzunehmen.

Sonst würde „Kybernetike" womöglich zur Kunst der Bourgeoisie, ihr schwaches Schiff weiterzusteuern, und die Bourgeoisie wäre, wenn sie am Ruder bleibt, nach Art der griechischen Sklavenhalterzivilisation durchaus imstande, uns alle eines stürmischen Tages mit in die Tiefe zu reißen.

KAPITEL II

Überleben oder produzieren: Verwaltung oder Produktion?

Dieses Kapitel handelt weitgehend von der Nichtübereinstimmung zwischen den auf Privateigentum an den Produktionsmitteln beruhenden *Produktionsverhältnissen* und den *Produktivkräften*, die Produktionsmittel mit immer stärker gesellschaftlichem Charakter anwenden.

Die Entwicklung der Produktivkräfte wird anhand von Zahlenangaben analysiert, die vielleicht ermüdend wirken. Sie sind notwendig als Beleg für die tatsächliche Entwicklung der Produktivkräfte (so derjenigen, die bei der Konzeption und Fabrikation von Rechnern eingesetzt werden) wie der Stagnation der Entwicklung der Produktivkraft aller Individuen, deren wichtigster Gradmesser, wie von Marx im *Kapital* hervorgehoben, die Einsparung von Arbeitszeit ist.

Der Kapitalismus nutzt nicht die neuen Mittel zur Verkürzung der Arbeitszeit, die die Kybernetik bietet. Der Kapitalismus zieht neue Gesellschaftsschichten, die für das Wachstum der Produktivität notwendig sind, in die Richtung jener extremen Ausbeutungsform, wo man weder an seinem Lohn noch am Zweck seiner Arbeit den Wert seiner Produktion erkennt, die genutzt wird zur Entfremdung anderer Individuen und für das Überleben eines Systems, das nicht zu jener von Marx beschriebenen Entfaltungsstufe führen kann:

„Freie Individualität, gegründet auf die universelle Entwicklung der Individuen und die Unterordnung ihrer gemeinschaftlichen, gesellschaftlichen Produktivität, als ihres gesellschaftlichen Vermögens".[32]

Daran zu erinnern, war wegen des notwendig technischen Aussehens der beiden folgenden Kapitel erforderlich. Man wird in ihnen auch das Bestreben sehen – und zwar schon in der Einteilung der beiden Kapitel –, die inneren Widersprüche des Kapitalismus auf der Ebene der Produktionsverhältnisse und die „äußere“ Gegebenheit der Produktivkräfte, deren Entwicklung von den kapitalistischen Verhältnissen selbst über die Grenzen des für sie Erträglichen hinausgetrieben wird, nicht voneinander zu trennen.

Diese Auseinandersetzung ist von großer Bedeutung für die Beurteilung der Rückwirkung des Kampfes der Werktätigen, ihrer Organisation, ihres Bewußtseins.

Ausmaß des Informatik-Phänomens

Die Informatik ist zwanzig Jahre alt, doch in Wirklichkeit beginnt man erst seit zehn Jahren, die Bedeutung dieses Phänomens zu ermessen.

1949 waren die amerikanischen Experten noch der Ansicht, etwa zehn Rechenanlagen würden für den Informationsverarbeitungsbedarf eines Landes ausreichen, und die Lochkartenkönigin IBM konstruierte ihren ersten Computer seinerzeit nicht für Zwecke der „informatischen Revolution“.

Es ging damals in Wirklichkeit darum, die Leistungen von Lochkartenmaschinen erheblich zu verbessern, sie elastischer zu machen, den Arbeitsteilungsprozeß einzuleiten – der Leiter einer Lochkartenstation von 1950 mußte sowohl seine Abteilung leiten als auch ein Problem analysieren, eine Programmtafel stecken, Papier wechseln oder „Karten schlagen“[33] können.

Im nächsten Kapitel werden die Entwicklung des Rechnerbestands, seine Inkohärenz und die ersten auftretenden Überproduktionserscheinungen gezeigt. Doch um nun auf das Problem der Anarchie der gegenwärtigen Rechnernutzung zu kommen, ist es nicht uninteressant, daran zu erinnern, daß eine 1955 von der IBM angefertigte Marktstudie die Anzahl der 1965 voraussichtlich installierten Rechner auf 4000 schätzte. Wirklich vorhanden waren nach zehn Jahren 20000. Heute sind es 100000.

„Wir waren kurzsichtig“, erklärt dazu der IBM-Präsident für Europa. Kurzsichtigkeit ist jedoch kaum eine Erklärung dafür, daß die IBM ihren Umsatz durch kommerzielle Praktiken, bei denen ihre Konkurrenten meist auf der Strecke blieben, binnen 15 Jahren verzwanzigfachen konnte. Man mußte „das Bedürfnis wecken" und dann den Rechner lawinenartig das Rechnerbedürfnis erzeugen lassen.

„Das Bedürfnis wecken" oder vielmehr ein echtes Bedürfnis offenkundig machen, das im übrigen mit Bedacht unter den vielfältigen dringlichen Entwicklungsnotwendigkeiten der Industrieländer herausgegriffen wurde. Die Entscheidung fiel anhand genauer Kriterien, die insgesamt Bezug nahmen – wir werden darauf zurückkommen – auf die Regeln der monopolistischen Konzentration, auf die weltweite Ausdehnung der Märkte, auf die Massenproduktion von „Papierkrieg", der durch den Bedarf der Verwaltung und der finanziellen Konzentration auf den Gipfel getrieben wird, und auf die Notwendigkeit, die zum Zusammentragen und Verwalten des Mehrwerts mobilisierte Angestelltenmasse zu proletarisieren und zu taylorisieren.

Die IBM hatte sich in das Abenteuer – mit seinem Gefolge von Ausstechereien – gestürzt, um ihren Platz auf dem sittsamen Gebiet der klassischen Bürotechnik gegenüber der Remington Rand zu verteidigen, die 1951 als Lieferant von elektronischen Geräten für die Armee und für die wissenschaftliche Forschung die erste elektronische Anlage für Verwaltungszwecke herausbrachte.

Man sieht also, daß man das Ausmaß des Informatik-Phänomens von verschiedenen Ebenen aus einzuschätzen hat. Man kann zum Beispiel eine überschlägige Prüfung der eingesetzten finanziellen und menschlichen Mittel anstellen, ohne dabei zu werten.

1. Der Weltbestand an Rechnern steht für 200 Milliarden neue Franc, womit diese Industrie bald die drittgrößte ist, hinter Erdöl- und Autoindustrie; 1984 wird sie wahrscheinlich zur ersten.

2. Die Aufwendungen für Software (Programmierung der Maschinen durch Analytiker und Programmierer) dürften 50 Milliarden pro Jahr erreichen; sie beliefen sich 1967 allein in den USA auf 4100 Millionen Dollar.

3. Die Zahl der Programmierer in den USA wird auf 600000 geschätzt.

4. Für Frankreich und die 4000 dort installierten Rechner[34] kann man sich ein Bild von dem Personal machen, das allein mit ihrem unmittelbaren Betrieb beschäftigt ist:

Monats-miete (Franc)	Rechner	Beschäftigte an der Anlage (Durchschnitt)	Beschäftigte in der Vorbereitung (Durchschnitt)	Gesamt
5000 bis 25000	2500	8	6	35000
25000 bis 100000	1000	12	8	20000
Über 100000	500	30	20	25000
Gesamt		45000	35000	80000 [35]

In den nächsten Jahren sollen 220000 Informatiker erforderlich sein.

5. 40% der höheren und 15% der mittleren Leitungskräfte haben unmittelbar Rechnerarbeiten auszuwerten; für 1973 sollen sich diese Zahlen auf 75% bzw. 5% belaufen (Diebold-Bericht).

6. In Frankreich beschäftigen IBM, BGE und CII (mit Zulieferern) mehr als 40000 Lohnarbeiter.

7. Die Aktualisierung von 3 Millionen Sparkonten dauert 10 Minuten.

8. Eine Addition wird auf dem Rechner in 0,0000005 Sekunden ausgeführt.

9. Die IBM hat 1968 ebensoviel Lehrgangsstunden gegeben wie die ganze Universität Caen. Die Abteilung Ausbildung dieser Gesellschaft hat heute 300 Lehrkräfte. Ein IBM-Professor und zehn Assistenten hatten im April 1970 in den ihnen überlassenen Räumen der Naturwissenschaftlichen Fakultät Marseille acht Tage lang eine Hörerschaft von 400 Forschern und Hochschullehrern. Diese „Lehrgänge" mehren sich.

Diese absichtlich in buntem Durcheinander angeführten Zahlen legen für sich allein noch nicht Rechenschaft von der Bedeutung, die die Informatik in der kapitalistischen Welt gewonnen hat.

Man müßte sagen, daß 3000 französische Unternehmen damit ausgestattet sind, daß die Informatik für fast 2% der Unternehmensumsätze steht, daß alle Unternehmen mit einem Umsatz von mehr als 200 Millionen sowie zwei Drittel der Mittel- und 2% der Kleinbetriebe einen Rechner besitzen.

Man müßte sagen, daß die amerikanischen Behörden 4800 Rechner verwenden, daß das französische Innenministerium an die fünfzig in Betrieb hat.

Man müßte sagen, daß Ordinastral die Champs-Élysées pro Tag mit 500 computergefertigten Zehnseiten-Horoskopen beliefert.

Man müßte, man muß die erstaunlichen Zahlenangaben akzeptieren, die Presse oder Fernsehen jeden Tag zum Informatik-Phänomen bieten. Meist treffen sie zu.

Man müßte, man muß die populär-technischen Darstellungen akzeptieren, aus denen hervorgeht, welches Qualitätsniveau, welchen Miniaturisierungsgrad die Rechnerfertigung erreicht hat; sie zeigen die Intelligenz der Menschen, die unerhörten Ressourcen ihrer schöpferischen Fähigkeiten.

Wenn man eine fortschrittliche Sicht von alledem hat, wenn man bewundert, wie der Mensch dank seiner kollektiven Arbeit durch Techniken, die seine abstrakten Kenntnisse in die Praxis umsetzen, in das Feld des unendlich Kleinen (Elekronenmikroskop; Addition in der Nanosekunde, der Zeit, in der das Licht 30 cm zurücklegt) und des unendlich Großen vorstößt (die Eroberung des Weltraums war nicht vorstellbar ohne Großrechner für wissenschaftliche Zwecke), wenn man diese Sicht hat, kann man auch besser beurteilen, daß die kapitalistische Gesellschaft, ihrer inneren Logik gemäß, diese Möglichkeiten in der Hauptsache nur in den Dienst des unendlich Groben zu stellen weiß – der Verwaltung ihrer Gelder.

Es ist eine Sache, die Rechner für die Eroberung des Weltraums zu nutzen; eine andere ist es, sie auszunutzen, um unter Rentabilitätsvorwänden die Abschaffung der Schalter und Beratungsstellen der Sozialversicherung zu rechtfertigen, die die Öffentlichkeit von der Realität der ihr zur Verfügung stehenden „öffentlichen" Dienstleistungen abschneidet.

Es ist eine Sache, die automatisierten „Drive in"-Schalter[36] in den Depositenbanken zu vermehren, und es ist eine andere Sache, Werkzeugmaschinenreihen zu mechanisieren, so daß die Produktivität des Arbeiters unvergleichlich steigt und, weil ihm die Herrschaft über eine ganze Fertigungsstraße aus verketteten Automaten übertragen wird, auf der grundlegenden Ebene der Produktion ein Prozeß der Integration von manueller und geistiger Arbeit beginnt.

Es ist eine Sache, sich nur an die Spreu der Ziffern zu halten, wie an die Zahl der an einem Ostermontag abends über die

Südautobahn heimkehrenden Pkw, und es ist eine andere Sache, den Weizen herauszufinden, der in einigen Ziffern stekken kann: Das Jahresbudget der öffentlichen Bibliotheken in Frankreich ist geringer als das Budget einer einzigen landesweiten Mailing-Kampagne (per Rechner gefertigte persönlich aufgemachte Briefe usw.) für irgendeine Enzym-, Chlorophyll- oder Rasierklingenmarke.

In diesem Kapitel wird bald noch versucht, alle diese Fakten näher zu erläutern. Um die bereits gebotenen Zahlenangaben lebendiger zu machen, könnten wir uns nach dem Beispiel der „Speaker" der herrschenden Ideologie naiv stellen und fragen: „Aber wenn der Rechner zehnmillionenmal schneller arbeitet als ein Buchhalter, dann brauchte man doch nur einen einzigen Rechner, damit die zwei- oder dreihunderttausend Buchhalter unseres Landes nur noch eine Stunde je Woche arbeiten müssen?"

Die Dinge sind allerdings nicht so einfach. Aber Parole gegen Parole gehalten, ist das Beispiel letzten Endes ebenso „gültig" wie die Tatsache, daß der Rechner die Bibel in einer Minute lesen und sie in einer Stunde schreiben kann. Und es stößt einen zwangsläufig auf ein paar Fragen.

Kapitalistische Rechnernutzung

Wir werden nun anhand schwer bestreitbarer Zahlen zeigen, daß die kapitalistische Gesellschaft wegen der Widersprüche, die ihr die Hände binden, von den Investitionen für Rechner (militärische Anwendungsfälle und Grundlagenforschung ausgeklammert) nicht mehr als 2 · · · 3% für die Automatisierung der Produktion aufwenden wollte und konnte.

Um diesen Zahlen ihre volle Bedeutung zu geben, ist in aller Strenge dem eventuellen Einwand entgegenzutreten, daß die administrative Automatisierung schließlich ziemlich einfach sei, während die Realisierung völlig selbsttätiger Fabriken unvergleichlich komplizierter wäre.

Die Reflexion muß verschiedene Ebenen erfassen.

– Wie G. Verroust gezeigt hat[37], besteht kein grundlegender Unterschied zwischen dem Denkweg eines Président-Directeur Général, der die Aufteilung der verfügbaren Milliarden Investgelder auf die verschiedenen Branchen seiner Firma bestimmt, und dem Denkweg des Arbeiters, der mit der Zeichnung vor der Werkzeugmaschine steht und sich fragt, in welcher Reihenfolge er die Bearbeitungsoperationen ausführen muß, um das verlangte Teil herzustellen. Der einzige Unterschied betrifft das Geld – den Wert des Spieleinsatzes der zu treffenden Entscheidung. Das ist derart wahr, das ist sowenig ein Problem technologischer Möglichkeit, daß äußerst komplexe Prozesse der Produktionsmechanisierung realisiert werden, sobald das Dazwischentreten des Menschen an der Werkzeugmaschine die Genauigkeit beeinträchtigt und die manuelle Steuerung durch automatische Steuerung ersetzt werden muß (das meistgenannte Beispiel ist das Fräsen von Tragflächen aus einem Metallblock in Spitzenbereichen der Luftfahrtindustrie). – Es ist zweifellos leichter, eine Betriebsbuchführung zu programmieren, als einen Algorithmus zur Beschreibung der thermodynamischen Reaktionen in einem Hochofen aufzustellen. Aber in dieser Hinsicht kann man nicht vor lauter Idealismus verlangen, daß die IBM, die pro Jahr 16000 „Informatiker" ausbilden, fünfmal soviel wie die französische Universität, ebensoviel Mühe auf die Informatik-Ausbildung der Ingenieure der lothringischen Schwarzmetallurgie verwenden wie auf die Unterweisung von Absatzmanagern für Kokerei-Nebenprodukte, superaktive Waschmittel, Enzyme, Geschirrspülmaschinen oder Tefal-Kasserollen. Der Hersteller hält den potentiellen Markt für IBM-3-Systeme im zweiten Fall für weit bedeutender als im ersten. Ebenso muß man wissen, daß die lächerlichen „Produktions-Konsumtions"-Zyklen nach Populärfassungen von Vasarely-Werken bei IBM-Los Angeles buchungsmäßig über das Reklamebudget der Firma laufen. „Wenn ich das Wort Kultur höre", könnten IBM-Boss und USA-Botschafter in Paris Mr. Watson III sagen, „entsichere ich mein Public-Relations-Budget."*

---

* Unter dem Titel „Demission des USA-Botschafters in Paris" berichtete „l'Humanité" vom 31. 8. 1972:

„Da das ‚Pariser Klima' seinem Asthma nicht zuträglich ist, demissionierte Mr. Arthur Watson von seinem Amt als Botschafter der Vereinigten Staaten in Frankreich.

Mr. Watson hatte dieses Amt seit dem 16. April 1970 inne ... Mr. Watson war zur Belohnung für seine finanzielle Beteiligung an der Wahlkampagne Mr. Nixons ernannt worden. Er leitete damals die internationale Abteilung der IBM (dieser Trust, der mehr als die Hälfte des Welt-

In dieser Beziehung sind die Hersteller ihrer Sache so sicher, haben sie sich derart an der Universität eingenistet, sich derart als Lückenfüller des öffentlichen Bildungswesens betätigt, daß sie von 1972 an (wie die IBM im April 1970 bekanntgab) ihre Ausbildung verkaufen können; bisher war sie in die monatliche Fakturierung des Materials einbegriffen und schien daher „unentgeltlich".

Wir werden im nächsten Abschnitt sehen, was Kybernetik und Informatik den Menschen schon heute bieten könnten.

Sehen wir jetzt, wie die kapitalistische Gesellschaft sie gebraucht, und lassen wir dabei jene 2 · · · 3% der Rechner beiseite, die unmittelbar in der Produktion, auf der Ebene der Fertigung eingesetzt sind.

Aus einer in Frankreich angestellten Untersuchung[38] geht hervor, daß der Rechner in 50% der Fälle nur eine Editiermaschine ist. In zwei Dritteln der Anwendungsfälle wird der Rechner für denselben Zweck verwendet wie die selige Lochkartentechnik; nicht erwiesen ist, daß die Unkosten geringer wären (was das angeht, sind 60% der Rechner nicht rentabel).

90% der Betriebe realisieren ihre Lohnrechnung per Elektronenrechner. Die Informatik ersetzt dort unmittelbar die immer komplexer werdende Arbeit der Buchhalter, die den Lohnarbeitern einen Teil ihres Arbeitsertrags auszuhändigen haben. Besteuerung, gesetzliche Regelung, Sozialbeiträge und die Vermehrung der Prämien haben sie in den letzten Jahren viel umständlicher gemacht; was darin zum Ausdruck kommt, ist die Verschärfung des Klassenkampfes und die Vielfalt der Siege oder Schlappen der Arbeiterklasse bei ihren Kämpfen für soziale Forderungen. Der Sachverhalt etwa, daß sich dank dem Elektronenrechner bei jeder Lohnzahlung der EDF die im „Fort-

---

markts für Elektronenrechner in der Hand hat, war 1949 von seinem Vater gegründet worden).

Der Botschafter war im März d. J. von dem amerikanischen Kolumnisten Jack Anderson gerichtlich belangt worden. Dieser hatte geschrieben, daß sich der amerikanische Diplomat auf einem Flug von Frankreich nach den Vereinigten Staaten ‚herrlich betrunken' habe. Mr. Watson hatte zugegeben, daß er bei diesem Anlaß mehrere Glas Whisky zu sich genommen habe, aber bestritten, daß er Urheber eines gewaltsamen Zwischenfalls während des Fluges gewesen sei. Das Weiße Haus hatte seinerseits sein ‚volles Vertrauen' zu seinem Botschafter bekräftigt." — Anm. d. Red.

schrittskontrakt" vorgeschlagene Wahnsinnsformel anwenden läßt, kann auf zweierlei Art verbucht werden – als Pluspunkt für den Rechner oder als Minuspunkt für die Direktion, die vor allem die Gewerkschaften durch den Anschein des Hochtechnischen „benebeln" wollte; von Fortschritt ist hier gar keine Rede.

94% der Unternehmen verwenden den Rechner für ihre Kundenbuchhaltung, 78% für ihre Lieferantenbuchhaltung, 87% für die Bestandsbuchführung, 75% für die Betriebsbuchführung und 71% für die allgemeine Buchhaltung.

Diese Operationen sind kaum das Richtige für Rechner der dritten Generation[39], ja überhaupt für einen Elektronenrechner, wenn die zu verarbeitende Informationsmenge nicht ausreicht.

Außerdem steckt jeder Betrieb enorme Summen (die Software ist ebenso teuer wie die Maschine) in die Programmierung seiner Anwendungsfälle, obwohl – wenn die Regeln des Privateigentums und der Konkurrenz außer Kraft wären – einige wenige Programme genügen könnten, die ein für allemal aufgestellt und allen Betrieben ausgehändigt würden, ebenso wie der Kontenrahmen. Dagegen erlebt man, daß Software-Unternehmen dasselbe Programm für je 100000 neue Franc an mehrere Unternehmen verkaufen und dabei nach dem ersten Verkauf jeweils 100% Profit machen, etwa wie ein Makler, der ein und dasselbe Appartment zehn- oder zwanzigmal verkauft.

Der Rangfolge nach kommen dann jene Aktivitäten, die unmittelbar mit dem Konkurrenzkampf unter den kapitalistischen Unternehmen, mit der Marktbeherrschung zusammenhängen: Verkaufsanalyse 64%, Absatzanalyse 60%, Beschaffungsanalyse 47%.

Bei näherem Hinsehen entdeckt man obendrein, daß der Rechner nicht im Rahmen eines konzertierten rationellen Entwicklungsplans für das Unternehmen verwendet wird. Man verlangt von ihm Feuerwehrarbeit. Eine bemerkenswerte Veranschaulichung der Aussage der Kommunisten, daß sich die kapitalistischen Unternehmen vor allem von ihren kurzfristigen Interessen leiten lassen.

Tatsächlich sieht man, daß es den 60% der Unternehmen, die ihren Rechner für die Absatzlenkung verwenden, in der Hauptsache um das Editieren und Expedieren von Werbematerial geht; nur 12% benutzen den Rechner zur Vorbereitung der Liefertouren, wobei sich wirklich Arbeitszeit einsparen ließe, und nur 4% verwenden ihn zum Optimieren dieser Touren, dem einzigen Anwendungsfall, der wirklich geistig-produktive Arbeit verlangt.

Viele Statistiken über *Ist-Zustände* werden aufgestellt, auf die *Prognose* aber wird verzichtet.

Wenn man das Prognoseproblem zugleich auch für die verschiedenen Verwaltungssektoren betrachtet, ist festzustellen, daß nur 10% der Rechner zu Voraussagen herangezogen werden, nur 6% zu Simulierungsrechnungen und nur 3% zur Operationsforschung bei grundlegenden Problemen, die in jedem beliebigen Gesellschaftstyp auftreten können, wie Rentabilität eines Investitionsvorhabens, Planung eines Werkneubaus.

Die letztgenannten Zahlen sind gewissermaßen ein klärender Beitrag zu den Phrasen unserer Regierer über die „Klasse" der Manager: Wenn tatsächlich eine tiefe Veränderung im Gange wäre, bei der die Entscheidungsgewalt, die Organisationsgewalt über die Produktivkräfte von den Unternehmern auf die Manager überginge, dann hätten die letzteren eine derartige Situation nicht geduldet, es sei denn, auch sie würden die Maxime des kurzfristigen Profits als Goldene Regel des Fortschritts anerkennen, ohne sich um die unvermeidlichen mittelfristigen Konsequenzen dieser Überlebenspolitik zu scheren.

Für das klassischere Gebiet der produktionsorientierten Finanzplanung ist festzustellen, daß sie zwar angeblich von 36% der Unternehmen betrieben wird, daß aber in Wirklichkeit nur die sehr großen Unternehmen vorausschauende Planung machen, und zwar vor allem dann, wenn sie dezentralisiert sind und diese Planung als offensichtlich nötig empfunden haben.

Was das Gebiet der Produktion angeht, muß zunächst eine Unklarheit beseitigt werden. Es wurde hier gesagt, für je einen in der Produktion (bei der Fertigung von Erzeugnissen) angewandten Rechner seien 50 bei der Verwaltung des Mehrwerts tätig.

Dieses Verhältnis könnte ausgewogener dargestellt werden, wenn man darauf einginge, daß der Elektronenrechner nicht unerhebliche Arbeit bei der Organisation der Produktion leistet, und daraus folgerte, daß er unmittelbar zum Aufschwung der Produktivkräfte beiträgt. Die Debatte ist gewichtig, und man wird sich wohl hüten, eine endgültige Ansicht zu vertreten.

Man kann bereits einige quantitative Angaben machen; sie werden zahlreiche Erläuterungen erfordern und können umfangreiche Debatten hervorrufen.

Zwei Drittel der Industriellen, die über Rechner verfügen, verwenden sie in der Vorbereitung der Produktion, davon wieder zu zwei Dritteln nur bei der Vorbereitung der Produktionslenkung. Insgesamt werden also nur 20% wirklich zur Produktionslenkung per Rechner gebraucht, mit anderen Worten, auch zur Maschinenbelegung, zur Planung und Kontrolle der Werkstattaktivität.

Schätzungsweise haben mindestens 50% der amerikanischen Industriellen die „Mechanisierung" ihrer Produktionskraft genau bis zu dem Punkt durchgeführt, wo die Produktion anfängt.

Nicht die geringste augenscheinliche Paradoxie des kapitalistischen Systems von heute ist, daß es sehr kurze Schritte nimmt bei der Mechanisierung, die uns vorrangig scheint, der der unmittelbar produktiven Arbeit nämlich; daß es leise, aber sicher mit der Mechanisierung der Produktionsorganisation auf der Ebene der „Fabrik" vorankommt – und im Tertiärsektor Siebenmeilenstiefel nimmt. Im weiteren wird noch auf das Stagnationsphänomen der Produktivkräfte eingegangen, dessen Kurzformel, die „Zwei-Prozent-Regel", sich allmählich zum alten Hut unserer Explikationen entwickelt; sie ist aber ein wesentlicher Bestandteil der heute möglichen Analyse des staatsmonopolistischen Kapitalismus. Für den Augenblick wollen wir jedoch noch bei den „positiven" Aspekten der kapitalistischen Kybernetik-Entwicklung verweilen.

Zuerst ist zu konstatieren, daß die Reife der technischen Entwicklung gesellschaftliche Bedeutung erlangt hat. Sechzigtausend Besucher des nur für Fachleute bestimmten „Salons Elektronische Bauelemente", das ist Gradmesser dieser Reife. Die Leistungen bei der Miniaturisierung der Rechner, die Möglichkeiten und Erstanwendungen der Fernverarbeitung und der Bildschirm-Anzeige, bei der der Ingenieur z. B. mit einem Lichtstift die Krümmung einer Flugzeugtragfläche korrigieren und sofort die Simulierung der aerodynamischen Konsequenzen haben kann, das alles zeigt das immer engere Ineinandergreifen von Konzeption und Ausführung – und auch, wie wir sehen werden, die Gefahr einer noch weiter getriebenen Teilung der Arbeit und einer Hyperspezialisierung der geistigen Arbeit – und ist eindeutiges Anzeichen des erheblichen Aufschwungs der Potentialitäten der Produktionstätigkeit.

Man empfindet angesichts dieser erstaunlichen Vermehrung der Mittel der Menschheit gleichsam körperlich den – wie die Psychologen sagen würden – „Mangel" des Privateigentums an allen diesen Mitteln. Man empfindet das „Bedürfnis" der unmittelbar-gesellschaftlichen Aneignung, um die Produktion aufrechtzuerhalten und sie zu entwickeln, und der unmittelbar-individuellen Aneignung, um existieren und genießen zu können; diese Marxsche These wird als Realität sichtbar, erscheint nicht mehr nur als abstrakt-wissenschaftliche Wahrheit.

Weiter. Jene Fähigkeit des kapitalistischen Systems, die Produktion auf der Ebene der Fabrik zu *organisieren*, wird im *Kapital* ausführlich analysiert. Für Engels hat sie eine bedeutende Rolle in den Widersprüchen des Systems:

„Der Widerspruch zwischen gesellschaftlicher Produktion und kapitalistischer Aneignung reproduziert sich als *Gegensatz zwischen der Organisation der Produktion in der einzelnen Fabrik und der Anarchie der Produktion in der ganzen Gesellschaft*.

In diesen beiden Erscheinungsformen des ihr durch ihren Ursprung immanenten Widerspruchs bewegt sich die kapitalistische Produktionsweise, beschreibt sie ausweglos jenen ‚fehlerhaften Kreislauf', den schon Fourier an ihr entdeckte. Was Fourier allerdings zu seiner Zeit noch nicht sehn konnte, ist, daß sich dieser Kreislauf allmählich verengert, daß die Bewegung vielmehr eine Spirale darstellt und ihr Ende erreichen muß, wie die der Planeten, durch Zusammenstoß mit dem Zentrum. Es ist die treibende Kraft der gesellschaftlichen Anarchie der Produktion, die die große Mehrzahl der Menschen mehr und mehr in Proletarier verwandelt, und es sind wieder die Proletariermassen, die schließlich der Produktionsanarchie ein Ende machen werden. Es ist die treibende Kraft der sozialen Produktionsanarchie, die die unendliche Vervollkommnungsfähigkeit der Maschinen der großen Industrie in ein Zwangsgebot verwandelt für jeden einzelnen industriellen Kapitalisten, seine Maschinerie mehr und mehr zu vervollkommnen, bei Strafe des Untergangs."[40]

In gewisser Beziehung kann der staatsmonopolistische Kapitalismus in seiner Funktion als Interessenverwalter der großen Monopole in etwa wie eine einzelne Fabrik, wie ein wackeres Familienunternehmen betrachtet werden. Planmäßig zu betreiben ist die Produktionsanarchie, die organisierte Anarchie, jene wunderbare Anarchie, die es versteht, sich von portugiesischen Arbeitern „überschwemmen" zu lassen – wie sich die Kämpen des „Ordre nouveau" ausdrücken –, nur weil der Import von Portugiesen weniger aufwendig ist als das Mechanisieren von Fertigungsstraßen.

Der staatsmonopolistische Kapitalismus realisiert gewissermaßen, wie G. Barron schreibt,[41] „eine derartige Zentralisierung der Entscheidungen und eine derartige Integration des ökonomischen und sozialen Lebens, daß sich der Rückgriff auf Mittel der automatischen Informationsverarbeitung als notwendig erweist".

Aber die große Fabrik Staat schafft vor allem jene Bedingungen, unter denen die Monopole den Staat allein nach der Regel des Maximalprofits verwalten können, die ein Manager der General Electric auf folgende treffende Kurzformel brachte: „Die Kombinationen unserer Erzeugnisse vorauszusagen, ist die wichtigste Arbeit, die wir von unseren Rechnern verlangen ... Unser erstes Ziel ist es, unseren Absatz in den Grenzen der rentabelsten Bereiche zu halten",[42] wozu, wie der Service-Direktor der IBM schreibt,[43] „die Kundenschaft zu verführen, die Eroberung des Kunden durch das Erzeugnis nötig ist."

Verführung und Eroberung bedeuten auf der Ebene des staatsmonopolistischen Kapitalismus soviel wie ein Hauptziel der Monopole – die Proletarisierung von zahlenmäßig immer bedeutenderen Mittelschichten. In ihrer immer komplexer werdenden sozialen Funktion verquicken sich ihre unmittelbare Rolle in der Produktion, ihre Rolle als Produktionsorganisator und ihre Rolle als Verwalter, Sammler und Optimierer des Mehrwerts. Sie sind Ware im marxistischen Sinn, sie sollen in der Fabrik, die das bereits akkumulierte Kapital zu mehren hat, möglichst schnell proletarisiert werden.

Bezeichnend ist in dieser Hinsicht die Feststellung, daß nach einer Periode, da die Verführung der Informatiker groß geschrieben wurde, nun Kurs genommen wird auf die Taylorisierung ihrer Arbeit und ihre intensive Ausbeutung: Trennung der Leitungs-, Konzeptions-, Analyse-, Programmierungs-, Systematisierungs- und Kodierungsaufgaben, Vermehrung der Nachtarbeit, Organisation des Schichtsystems, Reglementierung und Intensivierung der „Auflagen" usw.

Bei den Angestellten und Leitungskräften, die Rechnerprodukte auszuwerten haben, ist dieselbe Erscheinung offenkundig.[44]

Es gibt tatsächlich zuviel dummes Gerede zum Thema: Der Rechner befreit den Menschen von seinen undankbaren Aufgaben, er läßt ihm Zeit für seine höherstehende Schöpferarbeit. Man kann eher sagen, daß die nichtmanuelle Arbeit immer stärker hierarchisiert und aufgeteilt, mit einem Wort, taylorisiert wird. Das Kodieren der für den Rechner bestimmten Grundbelege etwa tritt an die Stelle der Buchungsarbeit der Hilfsbuchhalter; an der Spitze der Hierarchie stehen dagegen einige Manager, die die Orientierung der Finanzpolitik des Unternehmens unter den Voranschlag-Varianten auszuwählen haben. Zuweilen werden – aber das ist auch Taylorisierung – mehrere Funktionen zu einer einzigen gemacht. Am Bankschalter bleibt zum Beispiel statt des Prüfers, des Scheckbearbeiters und des Kassierers nur noch eine Zahlschalterkraft, die an ihre Registrierkasse bzw. ihren Datenendplatz gebunden ist und in der Hauptsache rein manuelle, mechanische Arbeit zu verrichten hat – das Zusammenfügen von Zahlzeichen auf einer Tastatur. Mit der geistigen Arbeit der Unterschriftsprüfung, der Adressierung, der Sichtvermerkerteilung hat sie überhaupt nichts mehr zu tun. Außerdem wird für drei frühere Arbeitsplätze nur noch eine einzige Person gebraucht. Der Masse der Angestellten, der Ingenieure und auch der Leitungskräfte haben der Elektronenrechner und die „Modernität“ überhaupt nur Mehrausbeutung und verstärkte nervöse Erschöpfung gebracht. Die Bourgeoisie hat nicht auf die Trennung von manueller und geistiger Arbeit verzichtet; sie hat die geistige Arbeit banalisiert, mehr die geistige Arbeit manualisiert als die manuelle Arbeit mechanisiert, und die Entscheidungsfunktionen einigen Großkommis übertragen, sofern sie nicht ganz einfach dank dem Elektronenrechner ihre Entscheidungsgewalt voll und ganz wiedererlangt hat, während sie bisher angesichts der Dimensionen ihrer Fabrik mit einem nicht unerheblichen Saum von Leitungskräften zu rechnen hatte, dem sie für treue Verwalterdienste einen Teil des Mehrwerts zukommen ließ. Wenn die „Gauchisten“, diese Vorgesetztenfresser und IBM-Schaufenstertöter, die Klassentrennlinie mitten durch den lebendigen Leib der immer stärker proletarisierten Produzentenmasse zu ziehen suchen, dann versuchen sie letzten Endes nur, eine Bresche in die notwendige und sich abzeichnende Einheit der Werktätigen zu schlagen.[45]

Zum anderen haben die Techniker, gerade auch die Informatiker, ein ständiges Bildungsbedürfnis, um nicht angesichts der auftretenden neuen Techniken nicht wettzumachenden Klasseverlust zu erleiden.

Für die Borgeoisie ist das ziemlich uninteressant.

Sie kann z. B. den Programmierern nicht 4 bis 6 Wochen Weiterbildung pro Jahr geben. Sollen sie selber zusehen, wie sie zurechtkommen. M. Kaufman schrieb,[46] die Arbeiter brauchten Freizeit, die Leitungskräfte Zusatzstudien. In Wirklichkeit brauchen auch die Leitungskräfte Freizeit, und die – wie eine Arbeit – bezahlte Weiterbildung ist eine Verpflichtung des Unternehmers, eine Investition, zu der er gehalten sein müßte. „Wenn man vierzig ist", wäre sonst frei nach Montheus zu sagen, „geht einem die Maschine zu Bruch."

Der Unternehmer schuldet der menschlichen Maschine, die er zum Ausbeuten kauft, dieselbe Pflege wie der Werkzeugmaschine, für die er einen Instandhaltungsvertrag bezahlt.

Ferner ist es für den Unternehmer kein gutes Geschäft, seinen Technikern solide Bildung zu geben; sie könnten höhere Entlohnung fordern und eher die Möglichkeit haben, die Arbeitsstelle zu wechseln. Nun soll aber der Werktätige selbst nichts haben außer seinen Ketten.

Schließlich hat die Bourgeoisie mit den Schalthebeln der Aus- und Weiterbildung einen ausgezeichneten Regler in der Hand, um ihre Lohnarbeiter je nach Bedarf auf die verschiedenen Stufen der neuen Arbeitsplatzhierarchie verteilen zu können.

Die sogenannte breite Öffentlichkeit läßt sich von den Leistungen des Elektronenrechners immer weniger beeindrucken. Gewiß begrüßt sie die Eroberung des Weltraums und die Rolle, die die Informatik dabei spielt; aber sie hält es nicht für einen besonders hervorragenden Fortschritt, daß man seine Gasrechnung a tempo bekommt, daß man mit seinem genauen Signalement in der Datei eines der 50 Rechner des Innenministeriums registriert ist,[47] oder daß man nicht mehr zu den Geschäftsstellen der Sozialversicherung gehen kann, die wegen Automatisierung der Rechnungsführung geschlossen sind.

Die breite Öffentlichkeit fragt sich mit immer größerem Skeptizismus, ob und wie diese Techniken eines Tages ihr selbst, der Hebung ihres Wohlstands, der Verkürzung der Arbeitszeit dienstbar gemacht werden können.

Unter diesen Bedingungen wird der Massenkampf zwangsläufig noch breiter, werden die Besitzer ein für sie schmerzhaftes „Feed-back"[48] der ausgebeuteten Werktätigen kennenlernen.

Die Spiralbewegung, derzufolge immer mehr Werktätige immer bewußter in Aktion treten, beschleunigt sich im selben Rhythmus, wie sich die Produktivkräfte entwickeln, oder, genauer gesagt, die jetzt und künftig zunehmend vorhandenen potentiellen Mittel der Menschen, ihre Existenzbedingungen zu verbessern, also ihre eigenen Potentialitäten freizusetzen.

Man sieht deutlich, daß die heutige Gesellschaft nicht die Problematik der „totalen informatischen Revolution" nach Daniel Garric, des „logischen Zeitalters" nach J. Bureau, der „Kybernetisierung unserer Subjektivität" nach R. Garaudy hat.

Ihr Problem ist, Revolution ohne Maschinenstürmerei zu machen, die Produktivkräfte nicht zu verringern, sondern sie zum gesellschaftlichen Eigentum zu machen, damit sie allen dienen.

Die Bewegung wird immer schneller. Nach den Thesen des XIX. Parteitags der Französischen Kommunistischen Partei sind die Bedingungen gegeben für einen tiefgreifenden Wandel, für den Übergang zu einer Form von Demokratie, die es erlaubt, die letzten Hindernisse für den Weg zum Sozialismus zu beseitigen; wir werden darauf zurückkommen. Auf jeden Fall werden sich die geschilderten Erscheinungen unablässig verdeutlichen und verstärken. So haben die USA, obwohl es heute schon technisch möglich wäre, den Hauptteil der manuellen Arbeit zu mechanisieren, bis 1970 nur 0,185 Milliarden Dollar oder 0,3% ihres Gesamtaufwands für Ausrüstungen auf Rechner für Produktionszwecke, aber fast 10 Milliarden auf Rechner in der Verwaltung verwendet. 1975 werden sich diese Zahlen voraussichtlich auf 0,380 bzw. 15 Milliarden belaufen.

Die kapitalistische Gesellschaft konnte, weil sie die feudalistischen Produktionsverhältnisse zerschlug, den Produktivkräften beträchtlichen Aufschwung verleihen. Heute ist ihre historische Rolle zuende. Wenn es nach ihr geht, sollen sich die von ihr hervorgebrachten Produktivkräfte im Kreis drehen, sollen sie, allgemein gesehen, in der Hauptsache ihrem Überleben dienen, dem sie die wirkliche Produktion von Waren unterordnet.

Möglichkeiten der Kybernetik

In diesem Titel steckt allein Stoff zu einer ganzen Enzyklopädie. Wir werden auszuwählen haben unter den tausenderlei heutigen Anwendungen der Kybernetik, unter den unzähligen vorstellbaren Möglichkeiten für morgen.

Wir werden zuerst die Grundzüge der numerischen Steuerung anführen, durch die sich manuelle Arbeit ersetzen läßt; dann wechseln wir auf ein ganz anderes Gebiet, zeigen die Möglichkeiten der Elektronenrechner auf dem Gebiet der klinischen Medizin und äußern unser Bedauern darüber, daß noch nicht in allen Krankenhäusern üblich ist, was in einem bereits geschieht. Danach behandeln wir das scheinbare Mysterium der Verwendung eines Elektronenrechners für die Konzeption eines anderen Rechners. Und wenn wir anschließend die Auseinandersetzung auf das erregende und umstrittene Gebiet der Kreation per Rechner ausdehnen, werden wir, da wir uns zuvor bei einer Reihe begrenzter Anwendungsfälle auf einen Abriß zu beschränken hatten, ein wenig abschweifen in die Welt der Fiktion oder, was oft auf dasselbe hinausläuft, der intellektuellen Spekulation, wo immer eine Unbekannte zuviel da ist, um das vorliegende Gleichungssystem eindeutig lösen zu können, oder aber eine Gleichung fehlt, die der gesellschaftlichen Realität. Und da wir schließlich bitter zu beklagen haben, daß alle Anwendungen, die Wohlbefinden „produzieren", in der kapitalistischen Welt nur Ausnahmefälle sind, werden wir auf die Notwendigkeit schließen müssen, die Produktivkräfte freizusetzen, und dabei erneut präzisieren, wie sehr sie unter kapitalistischen Produktionsverhältnissen geknebelt sind.

Die numerische Steuerung

Ein Artikel der Zeitschrift *Économie et Politique*[49] bietet einige schon etwas ältere und doch aufschlußreiche Zahlenangaben über die industrielle Anwendung von Elektronenrechnern. So wurden 1965 von 26000 Rechnern nur 700 in der Produktion angewandt (man hat gesehen, daß sich die Tendenz nur noch verstärkt hat); zur selben Zeit wurde jedoch gezeigt, daß durch Einführung automatischer Maschinen zwischen 13 und 92% der Beschäftigten in der betreffenden Produktion eingespart werden könnten, bei einem Durchschnitt von 64%. Es ist von Interesse, vor dem Betrachten des Wann und Wozu das Wie zu beschreiben.

Etwa 1950 wurde das Problem erstmals im industriellen Maßstab gestellt.

Eine britische Schiffswerft, die feststellte, daß sie bis zu 30% Zuschnittverluste bei Blechen hatte, bat die damaligen Pioniere der Informatik, einen optimalen Zuschnitt der Bleche zu bestimmen; jene gingen über den erteilten Auftrag hinaus, und so wurde ganze Sache gemacht und eine Brennschneidemaschine konstruiert, die den Brenner nach im Programm festgelegten und elektronisch übertragenen numerischen Koordinaten bewegen konnte; die Steuerung der Brennerflamme erfolgte automatisch. Durch einen mit der Maschine zusammengeschalteten Lochbandleser konnte ihr die Ausführung kompletter Folgen von Bearbeitungsoperationen übertragen werden. Es gibt dabei noch keine Kontrolle des Rechners über die Ausführung der Arbeit, also noch kein *Feed-back*, keine Rückkopplung. Sehen wir nun, wie zumindest ein Hersteller unter Verwendung eines in Time-sharing (gleichzeitig mehrere Arbeiten auf demselben Rechner) arbeitenden Universalrechners oder eines Spezialrechners als logisches Ergebnis der numerischen Steuerung die „direkte" numerische Steuerung anwendbar gemacht hat. Marc Lauprête (Sundstrand, Frankreich) entwickelt die Methode in einer Fachzeitschrift; wir übernehmen einige Teile seiner Beschreibung.

Es handelt sich um ein „schlüsselfertiges" System mit Hardware und Software,[50] das anwendbar und tatsächlich verfügbar ist. An einen Elektronenrechner angeschlossen, kann das System 4 bis 255 Maschinen leiten, ohne jemals mehr als 5% der Zeit der Zentraleinheit zu beanspruchen (woraufhin diese Zeitschrift vor einiger Zeit einen Artikel zu diesem Thema mit „Informatik-Schnitzel" überschrieb; ob der Arbeiter solchen Humor zu schätzen weiß, scheint ungewiß, wenn einem bekannt ist, welche Erleichterung er in einem anderen „Kontext" von diesen Techniken erwarten könnte). Das Programm wird von der Werkzeugmaschine kontinuierlich abgearbeitet, ohne Eingreifen eines Arbeiters, eines Operators (Bedieners) oder eines Programmierers. Der Elektronenrechner lenkt alle Funktionen der Maschine:

- Entschlüsselung der Steuerbefehle für die Drehzahl bei einer Änderung von einer Umdrehung pro Minute in den unteren Bereichen, mit einer Genauigkeit von 0,1%;
- Verriegelung der manuellen Drehzahl- und Vorschubeinstellung, so daß der Operator nicht die festgesetzten Arbeitsbedingungen verändern kann.

Der Programmierer ruft mittels der ortsbeweglichen Tastatur das gewünschte Programm mit seiner Kodenummer ab. Er gibt die Stückzahl an, die gefertigt werden soll. Im „Gespräch" kann der Programmierer von einer Tastatur der in Maschinennähe angebrachten Anzeigeeinheit Korrekturen zu einem Programm eingeben, das ausgeführt werden soll. Er kann eine gegebene Folge des Programms mit ihrer Ordnungszahl abrufen; der Rechner behält die Achsenpositionen und den Wert der verschiedenen Parameter im Speicher.

Zusatzfunktionen: Werkzeugmaschine mit Bestückung, Programmierung und Rechner wirken als System in geschlossener Schleife. Die verschiedensten Informationen bezüglich Produktion, Instandhaltung und Betrieb schlechthin (Kennziffer der Maschine, Nummer und Menge der zu bearbeitenden Teile, Bearbeitungszeit, Gestehungskosten des Teils u. a.) können berücksichtigt und an die Abteilungen weitergegeben werden. Man kann dem Rechner Stoppzeiten vorgeben, so daß eine Reihe von Prüfoperationen, Werkstück- und Werkzeugwechsel usw. vorgenommen werden können; wenn die Zeitvorgabe abgelaufen ist, gibt der Rechner eine Bildschirmanzeige, und der Arbeiter oder der Operator muß dann über einen Wähler mit einer von zwanzig festgelegten Antworten reagieren.

Neue Anwendungen solcher unmittelbar rechnergesteuerten Mechanismen erschließen den Weg zur Schaffung vollautomatisierter Anlagen, die vor allem auch in der Kleinserienfertigung ökonomisch eingesetzt werden können.

Taktstraßen als Kombination verschiedener Maschinen (Dreh-, Fräs-, Bohrmaschinen und Bearbeitungszentren mit automatischen Zuführungssystemen, untereinander verbunden durch vollständig rechnergesteuerte Teileförderer) stehen schon jetzt zur Verfügung.

Die Roboterfabrik könnte Wirklichkeit sein. Wie es mit ihr steht, ist bekannt.

Der Rechner in der klinischen Medizin

Gegenwärtig arbeiten in Frankreich 17 Elektronenrechner für das Gesundheitswesen, 50 dagegen für das Innenministerium. Warum ist das, was im Allzweck-Krebsbekämpfungszentrum „Institut Gustave Roussy" in Villejuif realisiert ist, woanders nicht verwirklicht, warum sind die Untersuchungen nicht in allen Krankenhäusern und in allen Disziplinen der Medizin weiter voran? Eine Frage der Mittel, natürlich. Aber ist die Polizeiregistratur wichtiger als die Krankenpapiere? Würden sie per Rechner geführt, so wären mehr Menschenleben zu retten, als man anhand der ersteren Menschen einsperren könnte.

Verweilen wir einen Augenblick bei dem, was wir vernünftigerweise von der Anwendung der Informatik in der medizinischen Statistik und Forschung erwarten und verlangen dürfen. Die Sache ist es wert.

Ohne jeden übersteigerten Humanismus ist verständlich, daß das Thema von größerem Interesse ist als die Simulierung von Straßenkämpfen per Rechner oder die Optimierung der Effektivität der zwei Millionen Personen, die in Frankreich als Repressivkraft im „sozialen Spannungsfall" eingesetzt werden können.

Die medizinische und administrative Patientendatei hat das Ziel, die Qualität der Behandlung zu verbessern und ein besseres Funktionieren der klinischen Bereiche zu sichern. Alle Informationen über jeden Kranken sowie über die erforderliche Aktivität in den Bereichen werden im Rechner gespeichert. Die Datei wird wie folgt genutzt:

- Besuchsplanung,
- Bestellung zur Behandlung und Bettenplanung,
- Respektierung von Geschmäckern, Einhaltung der Diät,
- Verteilung der Untersuchungsbefunde und Erstorientierungen der Diagnostik,
- Dosisberechnung in der Radiotherapie,
- Krankenblattdokumentation usw.

Abgesehen von dem unmittelbaren Nutzen dieser Karteiführung für die 150 Ärzte, 330 Pflegekräfte, 600 Verwaltungs- und Versorgungskräfte, 167 Laboranten und die Patienten – 30000 pro Jahr – wird die angehäufte Menge von Beobachtungen für die Forschung genutzt. Die Statistiken über gleichartige Fälle, die Entwicklungsreihen sind ein gewichtiger Beitrag zur Lehre, können Ausgangspunkt für eine Forschungshypothese sein und sind zumindest ein der Forschung angepaßtes Dokumentationswerkzeug.

In der Behandlung wird der Rechner im Institut u. a. dann praktisch wirksam, wenn er als unentbehrliches Werkzeug eines neuen Trennverfahrens für Blutbestandteile fungiert. „In vivo“ arbeitend, ermöglicht die Maschine beispielsweise das Abziehen von überzähligen weißen Blutkörperchen und deren Ersetzung durch gesunde Blutkörperchen. Ebenso gestattet sie z.B. beim Spender die Selektion der bei der Immunotherapie des Krebses besonders nützlichen Lymphozyten.

Konzeption von Rechnern – per Rechner

In dem Maß, wie der Rechner im „täglichen Leben“ auftaucht, verliert er sein Mystifikationsvermögen. Die sensationslüsternen Mystifikateure haben jedoch noch einige alte Tunichtguts in Reserve. Der Computer, der Computerchen macht, kann noch immer als Hexer herhalten. Gewiß soll nicht behauptet werden, daß man nie den Tag erleben werde, da das Silizium oder andere dann aktuelle Rohstoffe zur einen Tür hineingehen und die fertigen Rechner zur anderen Tür herauskommen. Aber der gegenwärtige Stand der Technik erlaubt das bei weitem noch nicht. Was auf diesem Gebiet verwirklicht ist, verdient dennoch schon Bewunderung. Man kommt hier in die Welt des „Designing“ per Rechner und allgemein des computer-gestützten Entwurfs.

Nebenbei bemerkt, werden die Fortschritte bei diesen Techniken in Großunternehmen erzielt, die darin erstrangige kommerzielle Trümpfe für rapides Reagieren auf die Konkurrenz sehen. Es ist unbestreitbar positiv, daß die Techniken, die Arbeitsmittel im kapitalistischen System u. a. unter dem Druck der Konkurrenz vorankommen; Marx und Engels zeigen sehr gut den Mechanismus, der die Vervollkommnung der Maschinerie zu einem Zwangsgesetz der Konkurrenz macht, das in der Anarchie der gesellschaftlichen Produktion dazu führt, daß hier ein Überschuß an Produktionsmitteln und Produkten, da ein Überschuß an Arbeitern entstehen. Schließen wir vorerst diese Klammer, um zu betrachten, wie es mit den metallenen Babys der Unbefleckten Konzeption der „Totalen Revolution" steht, um mit Daniel Garric[51] zu reden.

Der erste ernsthafte Schritt auf diesem Gebiet wurde 1963 getan. Ausgehend von einem Programm auf der Basis von Gleichungen der Booleschen Logik[52], Algorithmen für kombinatorische Probleme von hohem Schwierigkeitsgrad, gab der Elektronenrechner eine graphische Lösungsdarstellung, indem er automatisch die gedruckten Schaltungen zeichnete, die für ein anderes Rechnermodell erforderlich waren. Die Bildschirm-Endplätze mit Lichtstift gestatteten zwei Jahre danach, die Programmierung zu beschleunigen und den Vorgang gleichsam „im Zwiegespräch" zwischen Mensch und Maschine zu optimieren.

Man kann jetzt nach diesen Techniken die logische Konzeption des Rechners realisieren und die Nutzung der so geschaffenen Maschine (durch den Menschen, wenn das noch präzisiert werden muß) simulieren. Die physikalische Konzeption wirft andere Probleme auf, und es ist noch theoretisch und technisch unmöglich, die Konzeption als Ganzes zu behandeln. Das Problem wird mehr oder minder willkürlich aufgeteilt. Danach wird versucht, die Verknüpfung der in den einzelnen Etappen gewonnenen Entwürfe zu automatisieren. Die Anordnung jedes einzelnen Bauelements, die Minimierung der Länge der Verbindungen, die Vereinfachung der späteren Verdrahtung des Netzes sind Probleme, die dem Rechner aufgegeben werden. Die Gesamtprojektierung und -programmierung derartiger Systeme kann enorm aufwendig werden (zwischen 7 und 2000 Mannjahren) und verlangt den Einsatz von derart vielen Grundlagen- und technischen Kenntnissen aus sehr vielen Wissenschafts- und Industriebereichen, daß sie zu den besten Beispielen für die Vergesellschaftung der Produktionsmittel gehört.

Ein Chefingenieur der SEMA macht zu diesem Rüstzeug, das die Hersteller einzusetzen beginnen, eine Bemerkung, die Hervorhebung verdient: „Der bedeutende Gewinn an Ingenieur- und Zeichnerzeit ist nur ein weniger wichtiger Vorteil. Die Hauptsache ist, vor der Konkurrenz über ein Erzeugnis zu verfügen, das vom Markt verlangt wird" . . . oder, so wäre hinzuzufügen, dem Markt von einem Konkurrenten aufgedrängt wird.

Dieser Ingenieur glaubt alles in allem nicht sehr an die Möglichkeit, ein großes französisches Einheitssystem zu schaffen, und führt einen damit auf den Gedanken, daß dazu der Einsaz der Kompetenzen und Mittel mehrerer *nicht* konkurrierender Hersteller notwendig wäre. Von dieser Seite der Dinge wird noch die Rede sein, und zwar beim Thema der Nationalisierungen.

Der Rechner und das künstlerische Schaffen

Viel ist schon zu diesem erregenden Gegenstand geschrieben worden; der Leser kann es zu Rate ziehen. Wir bringen hier unseren Beitrag mit der Popularisierung von Arbeiten, die im Rechenzentrum der Universität Madrid realisiert wurden. Sie sind bisher in Frankreich praktisch unbekannt, obwohl sie in der Forschung auf diesem Gebiet obenan stehen. Auch unter dem Stiefel des Francosystems ist das Land Lorcas und Picassos noch immer das Land des spanischen Genies.

Auf dem Gebiet der architektonischen Organisation sind zwei Projekte realisiert. Das erste behandelt die automatische Komposition von architektonischen Räumen, das zweite die automatisch generierbare, abstrakte, jedoch variable Architektur.

Beim ersten Projekt wird von der Idee ausgegangen, daß in der Beschreibung einer Architekturstudie genügend viel Informationen gegeben sind, um das Projekt entwickeln zu können, sofern die Funktionen, die erforderlichen Räume, ihre metrischen und topologischen Zusammenhänge, die Umweltbedingtheit einer jeden Funktion usw. kodiert sind.

Garcia Camarero gibt folgende Einführung in das Sprachenproblem, das sich dann erhebt:

„Zur Analyse der verbalen Beschreibung gehört die Übersetzung der Sprache, in der sie gegeben ist, in eine formalisierte künstliche Sprache, die die architektonische Semantik und die graphische Syntax des Projekts besonders berücksichtigt. In diesem Sinne arbeiten wir. Eine zweidimensionale Grammatik ist bereits ausreichend formalisiert ... Diese Grammatiken formalisieren die Tiefenstrukturen der Projekte, Strukturen, die dann später an der Oberfläche mit schon üblichen graphischen Programmen interpretiert werden.“

Kurz gesagt, besteht das ganze Projekt also darin, daß Tabellen der Architektursemantik aufgestellt werden, die nach Übersetzung in natürlicher Sprache gebraucht werden können, und das Programm selbst besteht im Erzielen graphischer Resultate, die zur Realisierung des Bauwerks dienen.

Beim zweiten Projekt erhält der Rechner die Information über die Bedürfnisse der Bewohner, das Funktionieren der Versorgungseinrichtungen, die atmosphärischen Veränderungen usw. durch Geber, die in den verschiedenen Wohnungen und Versorgungseinrichtungen angebracht sind. Die Räume des Wohnens werden in Abhängigkeit von den Daten für den jeweiligen Zeitpunkt und ihren Implikationen verändert. Die architektonischen Räume sind nicht mehr auf die vier Wände beschränkt.

Auf dem Gebiet des bildlichen Ausdrucks gibt Camarero zunächst folgende illusionslose Ortsbestimmung für die Forschungen der Maler der Informatik-Gruppe wie Barbadillo, Quejido und Gomez Perales:

„Der soziale und kulturelle Kontext der künstlerischen Kommunikation ist ein wichtiger Faktor, den wir aber vorerst nicht berücksichtigen werden."

Man kann kaum mehr dazu sagen und den Rahmen seiner Arbeiten besser einschränken. Innerhalb dieses abgeschlossenen Systems, also ohne die Komplexität der Kulturphänomene berücksichtigen und die zum Verständnis ihrer Arbeit notwendigen Bindeglieder einsetzen zu können, entwickeln diese Künstler jedoch Forschungen, die auf Erkenntnisebene von sehr großem Interesse sind. In diesem abgeschlossenen System können semantisches Feld, linguistische Modelle, metrische und chromatische Topologie, metrische Psychologie ihr Bestes bieten.

„Die Semantik wird uns die Signifikatwerte eines jeden Werks liefern, und zwar unter Berücksichtigung der elementaren Bedeutung eines jeden Morphems und des Globalsignifikats, das die syntaktische Wechselwirkung dem ganzen Werk verleiht . . . Die ästhetischen Repertoirs werden mittels tiefenpsychologischer Werte gebildet, die sich mit einer mehr äußerlichen rationalen Logik nicht fassen lassen."

Der unbestreitbar positive Aspekt dieses Vorgehens ist, daß die Möglichkeit, verformbare generative Grammatiken zu definieren, eine formale Qualität der Werke sichert und deren

Produktion vereinfacht; er liegt auch in der Entmystifizierung des Kunstwerks als eines Dinges an sich, das dem Künstler durch göttlich-prämonitorische Inspiration offenbart würde: Beim Aufbau dieser Grammatiken wurde von der strukturell-statistischen Analyse von Gesamtwerken ausgegangen, so etwa vom Schaffen Mondrians, dessen Einfachheit eine gute Illustration bietet.

Barbadillo arbeitet mit einem Alphabet von Zeichen, die von einem Zeichen ausgehend nach Symmetrie-, Komplementaritäts- und Drehungsvorschriften erhalten werden; die so definierten Grundelemente finden Eingang in eine vom Künstler festgesetzte und vom Rechner graphisch dargestellte Kombinatorik.

Etwas am Rande erwähnt sei, um das Vorgehen dieser Forscher besser zu orten, die erschöpfende Darstellung aller „verbotenen" geometrischen Figuren mittels Elektronenrechner (das bekannteste Beispiel sind die drei Quader, die von einem Ende betrachtet als drei, vom anderen her aber als vier Körper erscheinen). Diese Mehrdeutigkeiten bei der Wahrnehmung sind den Psychologen wohlbekannt. Auf dem Gebiet der Psychologie hat sich diese Forschergruppe außerdem für die Systematisierung der durch die Rorschach-Wartegg-Tests erhaltenen psychologischen Signifikate und ihren Zusammenhang mit dem künstlerischen Ausdruck interessiert.

Camarero bestimmte den Zweck dieser Arbeiten zum Schluß eines Vortrags wie folgt:

„Mögen sie als Beispiele der jungen schöpferischen Aktivität des Elektronenrechners und als Ausdruck des Begehrens dienen, den Menschen bald von Wiederholungsprozessen befreit zu sehen.

Möge das wunderbare Instrument, das die zweite Hälfte des 20. Jahrhunderts kennzeichnet, dem Menschen bald bei seiner eigentlichen Tätigkeit assistieren, der ‚Kreation'!"

Dieser Humanismus, dieses Vertrauen zum Menschen dekken sich, davon können wir überzeugt sein, mit einem klaren Bewußtsein der gesellschaftlichen Realitäten von heute. Dieser Realität entspricht auch der Gedanke, den wir nun entwikkeln – daß der Vormarsch des Menschen ein Gesetz seiner Natur ist, das kein Zwang, keine Diktatur in seiner Totalität einschränken können. Sosehr man auch ein Volk niederdrückt – sein Genie, seine Kraft werden verzehnfacht auferstehen.

Wir haben bisher versucht, dieses Fortschreiten des Menschenmöglichen zu veranschaulichen. Wir haben gezeigt, wie es kommt, daß bürgerliche Ideologie und Kapitalismus diesen Fortschritt absichtlich oder durch die Trägheitskraft ihrer Widersprüche hemmen.

Es gibt nicht nur in der Kybernetik zahlreiche Beispiele dafür, wie konservative Ideologien den Fortschritt der Wissenschaften behindert haben. Aber schließlich obsiegt immer die Wissenschaft; der Name Einstein zeugt dafür. Der dialektische und historische Materialismus trägt selbst in der kapitalistischen Gesellschaft weitgehend dazu bei.

Gilt das auch auf ökonomischen und sozialem Gebiet? Sicher ist, daß der erstaunliche Sprung von Wissenschaft und Technik seine Fortsetzung in der Produktion (wobei allerdings die Grenzen ersichtlich waren) und vor allem in der Möglichkeit hat, die Produktion wissenschaftlich zu organisieren. Diese Folgen führen zur zahlenmäßigen Zunahme der Lohnarbeiter und zur Vergesellschaftung der Produktion durch die Verflechtung der Techniken, durch die Rationalisierung, durch den gleichzeitigen Einsatz der Kompetenz der mit der Leitung, dem Absatz, der „Bedarfs"forschung, Prognose und Planung „befaßten" Werktätigen für die Bedürfnisse der Produktion, durch die immer schnellere praktische Anwendung der technologischen Entdeckungen in der Produktion.

Für alle ist offensichtlich, daß die beginnende wissenschaftlich-technische Revolution eine „Umwälzung" der Produktions„strukturen", ein „Enthemmen" der Gesellschaft, eine andere „Verteilung" der „Gewalten" verlangt. Der Mai und der Juni 1968 haben das offenkundig gemacht, für die rückschrittlichsten Verteidiger des Kapitalismus ebenso wie für seine ungeduldigsten Ankläger, die damals in dem Glauben, daß die Arbeiterklasse schwach werde und verbürgerliche, an ihrer Stelle Revolution machen und ihr ebenso mannigfaltige wie bruchstückhafte Machtvarianten gewähren wollten.

Es gilt jetzt, den Weizen der Dinge hinter der Spreu der Worte zu prüfen, mehr als bloß verbale Kritik der Strukturen und des Endzwecks des kapitalistischen Profits zu bieten und die Rationalität der Mittel, die sein Fortbestehen sichern sollen, sowie die Gültigkeit der Methoden zu untersuchen, die

die konsequenten Revolutionäre anwenden, um ihn zu stürzen.

Es ist Gemeinplatz geworden zu sagen, daß der Kapitalismus den Profit zum Zweck hat; dennoch soll auf diesen Seiten nirgends versäumt werden, dies zu demonstrieren, zumal das Gesetz des kurzfristigen Maximalprofits auf dem Gebiet der Informatik, diesem ganz neuen Tätigkeitsfeld der modernen Kapitalisten, noch wie ein dynamisches Gesetz aussieht.

Die Konsequenzen dieser „Dynamik" werden jedoch nicht immer gezogen, soweit es um die Rolle der Informatik insbesondere bei der Beschleunigung der Entwicklung des Monopolkapitals im modernen Staat geht, den die bürgerliche Gesellschaft immer stärker als Organisationszentrum benutzen muß.

Manche meinen: „Die Großunternehmen ... sehen ihr Eigentum mehr und mehr auf eine beträchtliche Anzahl machtloser Aktionäre verstreut ...".[53]

Freilich stellen sie dann nach zwei Jahren fest: „Um zu überleben, ist der Kapitalismus gezwungen, seine soziale Basis zu verändern. Nachdem er den Aufstieg einer Klein- und Mittelbourgeoisie erzeugt und erlaubt hat, wendet er sich schließlich von ihr ab, wenn er in das Stadium der großen Konzentration eintritt."[54]

Andere glauben wegen der „Kybernetisierung der Produktion" an die „vorausgehende kybernetisch-mechanistische Rationalität", die „jeden befähigt, selbständig Initiative und Entscheidung zu ergreifen", so daß sie einer wahrhaften „direkten Demokratie" Substanz verleiht[55].

Freilich kommt daraufhin auch derselbe Gérard Féran in dem schon zitierten Artikel zu der Ansicht, daß „der französische Kapitalismus veranlaßt ist, die ‚Rationalität seiner Mittel' umzugestalten."

Da haben wir eine Menge von „Rationalitäten". Es ist angebracht, sie zu ordnen.

Da alle Welt mit Michel Crozier[56], mit Chaban-Delmas[57], mit Barden und Anklägern des Kapitalismus dahingehend übereinstimmt, daß die Gesellschaft „gehemmt" ist, ist es kein verwerfliches Vermengen, wenn man behauptet, daß dann ein jeder nach „rationellen" Mitteln suchen wird, um sie zu „enthemmen". Für die Kommunisten stehen die mehr und mehr gesellschaftliche Form der Produktion und die mehr und mehr private Form des Eigentums an den Produktionsmitteln im Widerspruch. Folglich ist die einzige Perspektive für eine Überwindung der antagonistischen Widersprüche der kapitalistischen Gesellschaft gemäß den Bedingungen, unter denen die Produktion *schon heute* verlaufen könnte, der Übergang vom Einzelinteresse zum Allgemeininteresse durch Umwandlung der bürgerlichen Staatsmacht in die Staatsmacht des ganzen Volkes.

„Denn der Sozialismus ist nichts anderes als der nächste Schritt vorwärts, über das staatskapitalistische Monopol hinaus. Oder mit anderen Worten: Der Sozialismus ist nichts anderes als staatskapitalistisches Monopol, das *zum Nutzen des ganze Volkes angewandt wird* und dadurch *aufgehört* hat, kapitalistisches Monopol zu sein."[58]

Gleich in welcher Form, ob nach Chaban-Delmas oder in der schwedischen, ist der moderne Staat eine kapitalistische Maschine; je mehr Produktivkräfte sie in den Griff bekommt, desto mehr Individuen beutet sie aus. Die kapitalistischen Produktionsverhältnisse werden nicht abgewandelt, sie werden auf die Spitze getrieben ...

„Aber auf der Spitze schlägt es um. Das Staatseigentum an den Produktivkräften ist nicht die Lösung des Konflikts, aber es birgt in sich das formelle Mittel, die Handhabe der Lösung."[59]

„Die ‚neue Etappe' der Politik der Trusts und der Banken entspricht dem Beginn der Krise jenes Systems, das die Marxisten mit dem Begriff staatsmonopolistischer Kapitalismus kennzeichnen."[60]

Wenn man wie die PSU annimmt, die „neue Etappe", die „Beteiligung", die „pluralistische Gesellschaft", die Stunde des „Dialogs" und der „Verantwortlichkeit eines jeden" seien Ergebnis einer „Umgestaltung der Rationalität der Mittel des Kapitalismus" und hätten „hauptsächlich das Ziel, die Realität der Produktionsverhältnisse zu verbergen", dann ist das eine ziemlich gefährliche Analyse, worin die Bezugnahme auf die Marxsche *Deutsche Ideologie* nur – um das Kompliment zurückzugeben – „die *konkreten Besonderheiten*" verbirgt, die der Kampf „in jedem einzelnen Lande entsprechend der Eigenart seiner Ökonomik ... unvermeidlich annehmen muß"[61].

Im ideologisch-politischen Kampf kommt es heute darauf an, die *Irrationalität* der Mittel und Zwecke des Kapitalismus zu zeigen, die falschen Dilemmata zu sprengen, vor die er uns stellen will:

Arbeitslosigkeit oder Inflation; Kugelschreiber oder Elektronenrechner; Zentralisierung oder Dezentralisierung; Hierarchie oder Dialog.

Man muß die Schranken jener monopolistischen „Planifikation" hervorheben[62], die, weit entfernt, die Gesellschaft zu enthemmen, sie mehr und mehr in jene Spiralbewegung bannt, die wie die der Planeten ihr Ende erreichen muß durch Zusammenstoß mit dem Zentrum – in dem Maße, wie sich der *„Gegensatz zwischen der Organisation der Produktion in der einzelnen Fabrik und der Anarchie der Produktion in der ganzen Gesellschaft"*[63] bestätigt.

Führt man den Kampf nicht vom Standpunkt der Irrationalität der Mittel, mit denen der Kapitalismus möglichst viel aus den Produktivkräften herauszuholen sucht, dann überläßt man in Wirklichkeit den Reformern und Technokraten aller Schattierungen das Feld, die gerade – und da begegnen sich viele Analysen – die ideologische Funktion haben, den Beweis der „Effektivität" des Kapitalismus als wichtiges Mittel zum Überleben einer dem Endzweck nach überlebten Gesellschaft anzutreten.

Mit der Analyse der tatsächlichen und der möglichen Nutzung der Elektronenrechner wurde bereits das Ausmaß der Hemmung, die Größe des Unheils gezeigt; wir werden darauf zurückkommen. Sehen wir jetzt, wie die Großbourgeoisie mit dem VI. Plan durch Verbesserung der „Rationalität ihrer Mittel" nach oben und nach unten eine „neue Gesellschaft" aufzubauen gedenkt, die ihr eine breitere Unterstützungsbasis geben können soll.

Da die Informatik bevorzugter Aufhänger für Schönrednereien über Konzertierung, Dezentralisierung und neue Wirtschaftsdemokratie ist, sei hier näher betrachtet, welche Rolle ihr P. Lhermitte[64] zuweisen will:

„Die Konzeption der napoleonischen Hierarchie, derzufolge die Verantwortlichen der verschiedenen Kommandostufen für die Gesamtheit der Unternehmensfunktionen zuständig bleiben, ist mit dieser Entwicklung unverträglich; daraus ergibt sich, daß die Vielzahl der hierarchischen Stufen, die die Verantwortlichkeiten verwässert, nicht mehr gerechtfertigt ist ... Die Generaldirektion wird, von den technischen Direktionen informiert und durch die Gutachten der Funktionalabteilungen aufgeklärt, die Politik der Firma definieren."

Bei Fernübertragung „gibt es keinen Grund, die Bearbeitung und die Leitungsabteilungen ... z. B. für Finanzoperationen, Personalfragen, Lagerwirtschaft ... nicht zu zentralisieren ... So müßte es die Informatik erlauben, die Konzentrationsbewegung ausgeglichener und menschlicher zu gestalten."

Um verständlich zu sein, verwendet P. Lhermitte das Beispiel der landwirtschaftlichen Datenbanken, die es – nicht gibt; Voraussetzung für sie wäre zumindest der automatische Telefonverkehr, der in Italien realisiert ist, in Frankreich aber erst gegen 1975 allgemein eingeführt sein soll. Aber darauf kommt es hier nicht an. Was zählt, ist der Vorsatz, und da ist nun der Weg zur Hölle mit guten Vorsätzen gepflastert:

„Es wird unumgänglich, dem Landwirt, der mehr und mehr mit den verschiedensten Verwaltungen – landwirtschaftliche Kreditkassen, Anstalten für Familienbeihilfen, Landwirtschaftsabteilungen und andere Abteilungen der Départements – konfrontiert ist, einen einzigen Gesprächspartner ... zu gewährleisten."

Den Präfekten, nicht wahr?

Soviel also für die Konzertierung, den Dynamismus, die pluralistische Gesellschaft oder, nach der Formel von Crozier, den „persönlichen, direkten, konkreten und verbindlichen Dialog".

Für ein anderes Gebiet hat P. Lhermitte die Vorstellung, durch Einschaltung von Elektronenrechnern werde sich „die kommunale Verwaltung mit den Départements- oder nationalen Verwaltungen überlappen".

Eine unvermeidliche Folge wäre die Beseitigung der kommunalen Freiheiten. Aber gewiß ist dann die Idee der Kommune durch J. Bureaus und R. Garaudys so geliebte „direkte Demokratie", die per Meinungsforschung etabliert wäre, zum alten Hut geworden ...

Wenn man nur den Endzweck Profit berücksichtigte und nach der eleganten Formel aus einer Broschüre von J.-J. S.-S. „dem Schicksal ein wenig Gewalt antäte", könnte man erwarten, daß der staatsmonopolistische Kapitalismus seine Ziele erreicht: 1200000 Arbeitsplätze in der Verwaltung einsparen hieße – der Logik des Systems zufolge – Effektivität beweisen.

Man könnte ihm Chancen dafür ausrechnen, daß er dank der Elektronenrechner eines jener Hauptziele erreicht – die Planifikation der Staatsmonopole ökonomisch zu betreiben.

Es darf bezweifelt werden. Zur Stunde, da die OECD (Organisation für Wirtschaftliche Zusammenarbeit und Entwicklung) die Alternative Arbeitslosigkeit oder Inflation als ökonomische Grundentscheidung ausgibt und selbst der Arbeitslosigkeit den Vorzug gibt, weil sich dadurch die Inflation drosseln lasse (tatsächlich!), liegt P. Lhermittes Perspektive der Einsparung von 1200000 Arbeitsplätzen in der Verwaltung vielleicht in derselben Richtung; sie zertrümmert aber den Schlußstein des Gewölbes der Regierungspolitik, zwar durch Beibehalten einer gewissen Arbeitslosigkeit den Lebensstandard drücken zu können, aber diese Arbeitslosigkeit in solchen Grenzen zu halten, daß eine politische Explosion vermieden würde.

In alledem sind schwerlich Mittel zur Überwindung der Antagonismen der kapitalistischen Gesellschaft zu sehen. Es zeigen sich vielmehr, auf die Spitze getrieben, die beiden angeborenen Fehler des Kapitalismus:

– Die Produktionsweise kann diese Masse von Produktionsmitteln nicht mehr alle in Kapital verwandeln; nach dem Engelsschen Satz wird sie mehr und mehr „ihrer eignen Unfähigkeit zur fernern Verwaltung dieser Produktivkräfte überführt"[65].

– Die Form des Eigentums an den großen Produktions- und Austauschorganen, Staatseigentum durch zwischengeschaltete Monopole oder Monopoleigentum durch zwischengeschaltete Regierer, zeigt an, wie entbehrlich die Bourgeoisie ist: „Der Kapitalist hat keine gesellschaftliche Tätigkeit mehr, außer Revenuen-Einstreichen"[66].

Die Bourgeoisie, der nichts daran liegt, die Produktivkräfte wirklich zu befreien, sieht nach der geistvollen Bemerkung eines namhaften Regierungsmitglieds noch immer die Möglichkeit, „lieber verkäufliche Kugelschreiber zu produzieren als unverkäufliche Computer". Das ist in etwa die Maxime der gegenwärtigen Regierung. Wir werden sehen, daß sie damit nur ihren Sturz beschleunigt.

Schade. Der Computer war immerhin ein gutes Pferd, und wie sagt doch jenes russische Sprichwort? „Wenn schon vom Pferd fallen, dann lieber von einem guten Pferd."

Kapitel III

Produzieren oder sterben: Konkurrenz und Überproduktion

Mit dieser ersten Bilanz der Möglichkeiten der Spitzentechnik Informatik und ihrer Vergeudung durch die kapitalistische Welt sollte die ganz krasse, permanente Unangemessenheit des Systems gezeigt werden.

Nun müssen die Konsequenzen dieser Vergeudung gezogen werden, und nicht nur die Kommunisten ziehen sie. Noch festsitzend im Morast ihrer Neigung, lieber Kugelschreiber zu verkaufen als Elektronenrechner herzustellen, stoßen kapitalistischer Staat und Monopole ins Horn eines J.-J. S.-S. und entdecken von neuem, daß man den Mehrwert ja aus der produktiven Arbeit herausholt. Sie brauchen einen Sündenbock für jene Vergeudung, und sie finden ihn im angeblichen Routinegeist der Franzosen, dem es schwerfalle, sich auf die modernen Disziplinen einzustellen. Sie brauchen auch eine Tarnung für die Intentionen und Mittel der „neuen Etappe". Die Ziele sind klar – Beschleunigung der monopolistischen Konzentration und Steigerung der Profitrate, die Mittel ebenso – Heranziehen des Staates zum Auspressen des Mehrwerts, zum Finanzieren der nichtrentablen Sektoren, zum „Koordinieren" der „Entwicklung", zum Abstimmen des ideologischen Kampfes, der die Widersprüche vertuschen soll, des politischen Kampfes und der Unterdrückung.

Dieser ideologische und politische Kampf, dessen sozialökonomischer Zusammenhang auf der Hand liegt, nimmt sehr scharfe Formen an. Zum einen werden die Mittel des Monopolismus um so mächtiger, je mehr er sich auswächst; zum anderen und zugleich rücken, je mehr die Lebensbedingungen der Werktätigen erschwert werden, die objektiven Bedingungen einer sozialistischen Perspektive um so näher. Der Klassenkampf ist heftiger, der ideologische Kampf schärfer.

Die Informatik ist unter vielen Aspekten ein Schwerpunktgebiet des Klassenkampfes. Gewiß sind bei ihrer Anwendung und Entwicklung nicht alle vom Kapitalismus und seinem Staat eingesetzten Mittel in ihrer Komplexität und Widersprüchlichkeit mit einbegriffen, aber sie wirft ein sehr bezeichnendes Licht darauf. Zuweilen ist sie Vorbote oder auch Zerrbild einer Tendenz, die in anderen Wirtschaftszweigen noch kaum erkennbar ist, wie der Annäherung von Wissenschaft und Produktion, aber auch der Großserienproduktion von „persönlich aufgemachten" Erzeugnissen.

Beladen mit dem angeblichen Erfordernis der Supranationalität, das von ihren nationalen Führungskräften behauptet wird, kompliziert sie die Aufklärungsarbeit unter den Ingenieuren, Technikern und Angestellten, die im IRIA (Institut für Informatik- und Automatikforschung, untersteht der Regierung) mit seinem kärglichen Bestand von 29 Ingenieuren nur einen recht armseligen Konkurrenten der großen Hersteller und der internationalen Softwarefirmen sehen, obwohl dies gerade das Ergebnis einer Politik der kargen Mittel ist, die obendrein noch zu ebendem Zeitpunkt offeriert werden, da die Rentabilität der Software nicht mehr durch ein Privatmonopol zu sichern ist. Und zuweilen zeigt die Informatik im Gegenteil auch die traditionellen Formen der anderen vom staatsmonopolistischen Kapitalismus kontrollierten Wirtschaftszweige – öffentliche Finanzierung oder direkte Plünderung der öffentlichen Fonds.

Diese verschiedenen Aspekte werden im Verlauf des vorliegenden Kapitels untersucht, doch worauf wir besonders bedacht sein werden, ist, über die vielfach konjunkturbedingten Entwicklungsaspekte der kapitalistischen Ökonomie hinauszuweisen und von der gegenwärtigen Lage ausgehend die ökonomischen Daten zusammenzustellen, die tendenziell das Fortbestehen einer tiefen Krise des Systems zeigen und unter das Begriffspaar „Überproduktion – Siechtum" fallen. Darauf kommt es uns gerade deswegen an, weil die Informatik als Schlußstein einer immer zerbrechlicher werdenden Wirtschaftsorganisation mit immer engerem Handlungsspielraum Gefahr läuft, deren erstes Opfer zu werden. Zu wünschen ist außerdem, daß der Leser durch die nun folgende Bestandsaufnahme eher Zugang finden wird zu den umfassenderen und tiefer schürfenden, all die vielfältigen und komplexen Aspekte der Krise des staatsmonopolistischen Kapitalismus zusammenfassenden ökonomischen Studien der Kommunisten.[67]

Entwicklung des Rechnerbestands

Die Zeitschriften für Technik, Ökonomie und Finanzen liefern in buntem Durcheinander widerspruchsvolle Statistiken, aus denen sich offensichtlich schwer auch nur eine genaue Vorstellung von den Tendenzen gewinnen läßt.

Sehr zu beachten ist dabei, daß man nicht durcheinanderwirft:

- Anzahl der im Jahr gelieferten Systeme,
- Anzahl der zu einem gegebenen Zeitpunkt installierten Systeme,
- Wert der zu einem gegebenen Zeitpunkt installierten Ausrüstungen,
- Verkaufsäquivalent der zu einem gegebenen Zeitpunkt installierten Rechner,
- Verkaufsäquivalent der im Jahr gelieferten Rechner,
- Wert der Rechner, der Peripheriegeräte, des Zusatzmaterials, der Software, des Service,
- Kauf, Miete, Leasing (Ausleihe, Dauerpacht).

In den Schätzwerten findet man sich um so weniger zurecht, als 80% der Ausrüstungen vermietet werden, der Verkaufspreis je nach Hersteller zwischen dem Vierzig- und dem Sechzigfachen der Monatsmiete liegt und die Leasing-Gesellschaften, die bei den Herstellern kaufen, an Private auf 8 Jahre um 25% billiger verpachten als der Hersteller.

Zum anderen ist schwer zu wissen, welcher Gebrauch von den Rechnern gemacht wird, die nach drei oder vier Nutzungsjahren als veraltet betrachtet bzw. komplettiert oder preisgesenkt wurden, während sie noch völlig gebrauchsfähig sind; schwer zu wissen auch, wie sie zu Buch schlagen, wie sie nach vier Jahren im Umsatz der Hersteller beziffert werden, wie sie in den Statistiken über installierte Rechner fungieren.

Wir werden dennoch versuchen, uns hindurchzufinden und – mit den üblichen Vorbehalten – Zahlentabellen zu unterbreiten, die den seriösesten Studien zum Thema entnommen sind.

Betrachten wir zunächst die Gesamtzahlen der jeweils am 1. Januar der Jahre 1959 bis 1969 installierten Rechner (Quelle: L. Margulici, *Informatique*, Februar 1970).

Zur Ergänzung der Tabelle können wir, ehe die Bemerkungen gemacht werden, die sich aufdrängen, aktuellere Statistiken

	In den USA			Europa			Summe		
	Gesamt	Jahres-zuwachs		Gesamt	Jahres-zuwachs		Gesamt	Jahres-zuwachs	
1959	2034		(%)	265		(%)	2999		(%)
1961	4528	1240	50	911	370	100	5439	1610	60
1963	11078	3220	60	2522	800	90	13600	4020	80
1965	21020	4970	40	5858	1660	70	26878	6630	50
1967	36120	7550	35	11103	2700	45	47223	10250	40
1968	47610	11490	30	15139	4000	35	62749	15490	35
1969	56151	9540	20	19037	4300	28	75201	13840	25
1975*	110000	8000	15	72000	8000	40	182000	16000	30
	170000	18000	30	128000	18000	70	298000	36000	50

* Prognosespanne

vom 1. Januar 1970 vorlegen, die die Analyse zum 1. Januar 1969 bestätigen.

1968 hatte sich der Rechnerabsatz der IBM auf 1735 Millionen Dollar belaufen. 1969 betrug er nur 1300 Millionen Dollar.

Die Gewinne dieser Gesellschaft sanken im IV. Quartal 1969 um 0,6%. Am 31. Dezember 1969 hatten die „Komerziellen" in den USA keine 60% ihres Verkaufsziels erreicht.

In der Wall Street ist die Enttäuschung um so stärker, als der Reingewinn statt der von manchen erwarteten 8,50 Dollar pro Aktie nur 8,21 Dollar betrug.

Man darf daraus nicht allzu schnell folgern, daß der Informatikmarkt unüberwindliche Schwierigkeiten durchmache. Manche Erscheinungen sind konjunkturbedingt. Aber die Konjunktur offenbart ein sehr tiefes Unbehagen, das wir nun in einigen Hauptzügen aus der ersten Tabelle ablesen wollen.

Präzisiert sei, daß sich der Wert des Bestands nicht merklich höher bewegt als die Rechneranzahl oder, genauer gesagt, daß ein 1959 eingetragener Rechner denselben Anfangswert hat wie ein Rechner, der 1969 in das Verzeichnis aufgenommen wurde, was folgende zwei Bemerkungen nötig macht:

– Von einem Rechner der dritten Generation kann für denselben Preis mehr Leistung verlangt werden als von einem 1959er Rechner.

– In unsere Kumulation gehen Rechner ein, die bereits amortisiert sind und einen erheblich abgesunkenen Gebrauchtwarenpreis haben; dieser strebt nämlich nach sechs bis acht Jahren gegen Null.

Zur Hauptsache sei festgehalten:

Die Jahreszuwachsrate des installierten Bestands ist nach einer Spitze im Jahr 1962 (1. Januar 1963) – massiver Absatz der zweiten Generation besonders in Europa – unaufhörlich gesunken und im ganzen von 80% auf 20% in den USA und 28% in Europa gefallen.

Die Zuwachsrate der Anzahl der installierten Rechner soll 1969 für die ganze Welt nicht höher gewesen sein als 2 · · · 7%, während der Äquivalentwert der Lieferungen nur um 10% gestiegen sei. Am 31. Januar 1971 habe es ausgesehen, als sei der Zuwachs 1970 gleich Null gewesen.

Die Anzahl der pro Jahr installierten Rechner stieg unaufhörlich bis zum 1. Januar 1968 (Zeit des massiven Absatzes der dritten Generation) und nimmt seitdem in den USA ab. Die Berufung auf die massiven Käufe der Leasing-Gesellschaften zum Startzeitpunkt der dritten Generation (1000 Mio. Dollar 1968 gegenüber 380 Mio. für 1967 und 400 Mio. für 1969) genügt nicht, um dieses Absinken zu erklären, denn der Verkaufsäquivalentwert der in den USA installierten Rechner ist von 12500 Millionen Dollar 1966 auf 16300 Mio. (+ 3800 Mio.) Dollar 1967 und 20300 Mio. (+ 4000 Mio.) Dollar 1968 gestiegen. Abzüglich der Leasing-Käufe hätte der installierte Wert 3470 Mio. Dollar für 1967, für 1968 aber 3000 Mio. Dollar betragen.

Das Leasing verdeckt also im Gegenteil nur die Tendenz. Außerdem hat es nicht unbeträchtliche Konsequenzen für die Kassen der Hersteller, denn weil es nur im Finanzprozeß agiert und kein anderes Investment hat als das, was zum Geldaufnehmen erforderlich ist, kümmert es sich nicht um harmonische Expansionsraten, hält es sich strikt an das neueste Material, das auf den Markt kommt, kann es ohne Schwierigkeiten einen Hersteller fallenlassen und einen anderen wählen, einen Kontinent preisgeben und einen anderen aufsuchen; siehe das Beispiel der großen amerikanischen Leasing-Firma Leasco Data Processing, die im August 1969 bekanntgab, sie werde in den USA keinen Rechner-Pachtvertrag mehr annehmen, aber weiter Auslandsgeschäfte machen, und dies solange, bis die NS (New Series) auf den Markt komme; aber das ist eine andere Geschichte.[68]

Verweilen wir bei den folgenden zwei Zahlen vom 1. 1. 1968: 56151 Rechner in den USA installiert, 9540 Rechner im Jahr 1968 geliefert.

Diese Zahlen bedeuten, daß von je 100 zu diesem Zeitpunkt installierten Rechnern nur 17 während des Jahres aufgestellt wurden. Nun ist die Amortisierungszeit fünf Jahre, und nach sechs Jahren ist der Gebrauchtwarenwert quasi Null. Wenn man annimmt, daß einige Restteile des Tertiärsektors noch nicht ausgestattet waren (aber das Phänomen verschwindet allmählich), dann ist der Rhythmus der Bestandserneuerung nicht vier- oder fünfjährig, wie die Hersteller glauben oder glauben machen wollen, sondern sechs- bis siebenjährig. Streng technisch gesehen, ist das Wichtigste an den Maschinen tatsächlich nicht überaltert; die Speicher, die Bauelemente gehen nicht durch Verschleiß entzwei wie mechanische Geräte; technisch gebrauchsunfähig wird das Material der dritten Generation erst nach fünfzehn oder zwanzig Jahren. Steht der Rechnerindustrie unter diesen Umständen ein Schrumpfen bevor? Für die allernächsten Jahre sind Prognosen schwer zu stellen.

73$^{0}/_{0}$ der amerikanischen Industriellen gedenken in den nächsten fünf Jahren einen anderen Rechner zu nehmen. Das ist relativ erheblich, aber es ist nicht sicher, und vor allem ist anzumerken, daß die meisten die Dinge im Rahmen einer Zentralisierung ihrer Informationsverarbeitungsmittel vorsehen, also eine Politik der Kostensenkung für ihre Systeme beabsichtigen (ein Rechner, der die Arbeit von zehn anderen verrichtet, kostet nur die Hälfte oder ein Drittel soviel wie das Ensemble der verstreuten Systeme). Das dürfte die Hersteller in Hinblick auf ihr Umsatzwachstum nicht ermutigen. Schon hat die Große Dame IBM einigen Grund zur Besorgnis: 6888 Millionen Dollar 1968, 7187 Millionen Dollar 1969, ein Zuwachs von 4,3$^{0}/_{0}$, das ist nicht viel.

Wenn man außerdem bedenkt, daß in den letzten Jahren vermietete Rechner für 80$^{0}/_{0}$ der Einnahmen aufkommen, ermißt man die Aktivität der IBM wohl genauer, wenn man für ihre Warenproduktion im Jahr 1969 ein Sinken von 20$^{0}/_{0}$ veranschlagt.

1970 ist der Wert der im Jahresverlauf in den USA gelieferten Universalrechner erstmals um 10$^{0}/_{0}$ gesunken, von 26,2 Milliarden Franc auf 24 Md. F.

Die Prognosegrenzen für 1975 haben keine große Aussagekraft; die eine steht für den Rand der industriellen Katastrophe, bei der anderen wird vorausgesetzt, daß man das Kap der vierten Generation erfolgreich umschifft hat, daß man Europa durchdrungen hat und daß Japan nicht 50% des amerikanischen Marktes absorbiert hat, wozu es sich ganz ernstlich anschickt. Auf alle diese Punkte wird nachstehend noch eingegangen.

Weit gewichtiger ist die Feststellung, daß bei den großen Kunden nicht nur die Aufträge zurückgehen, sondern auch die Rechnerzahl absolut gesunken ist. Das Verteidigungsministerium sollte zum Beispiel per 30. Juni 1970 nur noch 2770 Rechner haben, gegenüber 2900 im Jahr zuvor (immerhin noch fast soviel wie ganz Frankreich 1968).

Es wurde schon der Gedanke entwickelt, daß die Investitionen auf dem Gebiet der Computer in der Produktion (Process Control) 2% derjenigen im Tertiärsektor ausmachen. Hier sei nun die Bestandsentwicklung in den USA präzisiert.

Es werden unterschieden:

1. *Wertanteil in Prozent* der Gesamtausrüstungen für Prozeßkontrolle (Rechner, Meßfühler, Geber, Regler, Schreiber, Stelleinrichtungen usw.) am Gesamtanlagenwert der Ausrüstungen in den betreffenden Industriezweigen;
2. *Absolutwert* in Millionen Dollar;
3. *Absolutwert* nur der Prozeßrechner.

	1956		1965		1970		1975 (Prognose)	
	1	2	1	2	1	2	1	2
Chemie	4,8	57	8,7	212	10,8	325	12,5	505
Nichteisenmetalle	1,4	4	5,3	34	8,3	50	11,9	86
Schwarzmetallurgie	2,7	26	5,2	95	8,4	130	11,7	205
Papier	1,7	10	3,9	45	7,5	85	11,3	155
Gummi	1,9	3	5,2	17	8,0	28	10,9	47
Zement und Glas	1,3	7	3,5	28	5,5	44	8,0	78
Nahrungsmittel	1,4	11	3,5	39	4,4	58	6,0	92
Textil	1,5	6	2,7	27	3,4	30	4,5	46
Erdöl	1,5	43	2,3	91	2,9	113	3,5	155
Elektroenergie	0,8	36	1,1	75	1,0	100	0,9	130
Verschiedene	–	53	–	142	–	182	–	231
Gesamt	0,89	256	1,60	805	2,08	1145	2,62	1730
Dar. Rechner (3)		1		62		185		380

Das heißt praktisch, daß die Prozeßrechner 1975 in den USA nur 0,57% des gesamten Anlagewerts der Industriellen darstellen werden. Das ist sehr wenig, auch wenn man berücksichtigt, daß die Investitionen für die zu diesem Zeitpunkt realisierten Automatisierungen von Fertigungslinien mittels Universalrechnern unter einem anderen Titel verbucht werden.

An Prozeßrechnern gab es 1969 154 in Westdeutschland, 250 in Großbritannien, 210 in Frankreich. Die Prognosen (man hat freilich gesehen, was sie wert sind) nennen für 1975 die Zahlen 2160, 2100 und 1960 für die drei Länder; präzisiert wird jedoch, daß 80% des Bestands dann von Minirechnern gebildet werden. Gegenwärtig sind 47% des Bestands in der Petrolchemie, der Energetik und der Metallurgie konzentriert; er dürfte nicht für mehr als 1 · · · 2% des Warenwerts des gesamten Rechnerbestands aufkommen.

Aber diese Brosamen, die der Kapitalismus unter dem Druck der Hersteller für die Automatisierung der Produktion aufwendet, verdienen Erläuterung und Analyse. Die USA haben bereits 17000 numerisch gesteuerte Werkzeugmaschinen in Betrieb genommen. Für Westeuropa wird angegeben: Großbritannien 1800, BRD 1200, Italien 900, Frankreich 600.

1964, als in Frankreich 200 Einheiten aufgestellt waren, wurden in einer Studie 1000 für 1967 und 3000 für 1970 vorausgesagt. Es gab also in Frankreich unerwartet viel Abneigung, auf diesem Gebiet zu investieren. Bestimmend ist hier die Kapitalanlage in Software, also in geistiger Arbeit, die gut bezahlt werden muß. Die numerisch gesteuerte Werkzeugmaschine[69] kann als Endplatz eines Rechners betrachtet werden, der gleichzeitig andere Operationen des Unternehmens bearbeitet. Sollte sich jene geistige Arbeit nur rentabel verwerten lassen, wenn die NCM für Großserienfertigung eingesetzt werden? Die Produktion wird immer mannigfaltiger, verlangt also immer mehr Konzeptionsarbeit, immer mehr Arbeit zur Organisation der Vielfalt von Arbeitsaufgaben und Funktionen, die die Vergesellschaftung der Produktivkräfte reflektiert. Aber nur die niedrig bezahlte Serienarbeit führt zu einer Produktivität, die das Maximum an Mehrwert flüssig machen kann.

Der Rechner enthält im Keim die Möglichkeit, „Großserienfertigung von Kleinserien" zu betreiben, und womöglich hat er gerade in dieser Eigenschaft einen Ehrenplatz in der wissenschaftlich-technischen Revolution, ist er gerade in dieser Eigenschaft ihre treibende Kraft.

Die Markttendenz geht unter dem Anstoß der Produktivkräfte in die Richtung einer größeren Vielfalt der Produktion.

Die Kapitalisten haben insgesamt nur einen Ausweg, dessen Richtung die Amerikaner eilends anzeigen: Die geistige Konzeptionsarbeit zu mechanisieren, mit NCM-Programmen in die Großserie zu gehen, den Programmierer zum unmittelbaren Produzenten von möglichst einfachen Programmen für die Großserienfertigung von Kleinserien zu machen. Der Programmierer wird letztes menschliches Kettenglied im Produktionsprozeß und muß als solches proletarisiert werden. Unseres Erachtens ist es nicht richtig zu denken[70], daß die NCM bisher hauptsächlich in der Großserienfertigung fungierten; man verwechselt dabei klassische Mechanisierung und gesteuerte Automatisierung. Denn der Anwendungsbereich der NC endet dort, wo die Großserie mit hohem Arbeitstempo beginnt. Diese rechtfertigt tatsächlich eine Einzweckmaschine oder eine Taktstraße mit starrem Automatismus und sehr hohem Anlagewert, was nicht zu Kapitalanlagen in teure geistige Neuerungsarbeit anreizt. Sie ist das Gebiet der ungelernten und angelernten Arbeiter. Das Hauptmerkmal der NC ist der sehr leicht zu verändernde Automatismus; bei Lochbandsteuerung kann ein Band mehrere Fertigungsprogramme enthalten, und bei Echtzeitbetrieb verstärkt sich das Phänomen noch dadurch, daß die Vielzahl der Fertigungsprogramme im Zentralspeicher oder im Großraumspeicher zugänglich wird. Die NC beginnt gerade erst ihr Debut in der Welt der diskreten Fertigung[71] und unter der Form, die sie bei kontinuierlichen Operationen besitzt: Prüfung und Rückkopplung (zum Beispiel Auswuchten von Kurbelwellen, Sortieren von Federn oder Kugeln).

Wenn diese Details präzisiert sind, zeichnet sich das Vorgehen des Kapitalismus in dem immer engmaschiger werdenden Netz seiner Widersprüche deutlicher ab. Das fängt an mit dem Interessengegensatz zwischen Herstellern und Anwendern:

56% der Anwender wollen die Informationsverarbeitung mittels Großrechnern integrieren, um die Hardwarekosten zu senken und die Konzentration der Informatiker zu verstärken, damit die geistige Arbeit rentabler verwertet, aufgeteilt, proletarisiert werden kann, um Angestellte und Techniker zu

Stücklöhnern an Buchungs- oder Prozeßrechnern, zu Großserienfertigern von persönlich aufgemachten Briefen, von individuell gehaltenen Häusern im „Managergrund" an der Autobahn A 6, von photogrammetrischen Körpermaß-Aufnahmen für Drive-in-Kunden, von programmierten Kosmetik-Tips oder -Behandlungen zu 200 Millionen möglichen Kombinationen zu machen.

Die höheren Leitungskräfte sind nicht von dieser Proletarisierung ausgenommen; ihre lebendige Entscheidungsarbeit übernimmt unmittelbar die Direktion. Das mittlere leitende Personal sieht seinen Einfluß auf die Realität des Unternehmens schwinden. Überhäuft mit Informatik, bei Feuerwehreinsätzen zum Verschlüsseln von Versicherungspolicen und Krankenscheinen herangeholt, wird es immer mehr von den vom Rechner „gelieferten" Arbeiten ferngehalten. Unter diesem Gesichtspunkt wird man die Bedeutung der folgenden Zahlen aus dem Diebold-Bericht, die zum Teil schon angeführt wurden, besser begreifen:

Anteil der Leitungskräfte, die Zugang zu vom Rechner gelieferten Informationen haben (%)

	Höhere Leitungskräfte		Mittlere Leitungskräfte	
	Tertiärsektor	Industrie	Tertiärsektor	Industrie
1968	40	16	15	32
1973 (Prognose)	75	42	5	21

Die Hersteller dagegen gehen auf dem Gebiet der großen Systeme vorsichtig vor: Das Mißgeschick des Gamma 60 ist noch lebendig. Die ICL verzichtet auf ihr System. Die Investitionen sind enorm, Großserien schwer zu erreichen, die Risiken einer Entwertung durch den Fortschritt absehbar. Kurz, man möchte lieber die Klein- und Mittelbetriebe mit kleinen IBM 3 überschwemmen[72] als mitansehen, daß sie ihre Verwaltungsarbeit von großen Informatik-Dienstleistungsbetrieben erledigen lassen, die sich weniger vormachen lassen, mehr Ansprüche bezüglich der Software stellen, ihren „Schlitten" 24 Stunden am Tag laufen lassen, mit einem Wort, nicht der Parole folgen wollen: „Einen Hochofen in jedes Dorf."

Die unzulängliche Hochschulvorbereitung der administrativen Leitungskräfte auf dem Gebiet der Informatik und der Computermythos verstärken die Tendenz, der Parole zu folgen. Und schließlich ist es relativ wünschenswert, daß ein Betrieb seine erste Bekanntschaft mit der Informatik nicht an einer großen Maschine schließt; er würde sich daran die Finger verbrennen.

Der kapitalistische Staat sieht wohl die Vergeudung, die Energieverschwendung, aber er ist auch nicht geneigt, sich von einem einzigen Hersteller beherrschen zu lassen.

In den USA machte sich Herbert Grosch, „Chef" der 4800 Elektronenrechner der amerikanischen Behörden, zu seinem Sprachrohr – mit einem Urteilsspruch: „Ich mache dem System IBM 3 zum Vorwurf, daß es keinem dieser Prinzipien (eines möglichst effektiven Rechnereinsatzes) entspricht, und empfehle daher der amerikanischen Regierung, diese Maschine nicht in die Nomenklatur der zugelassenen Ausrüstungen aufzunehmen und sie folglich weder zu kaufen noch zu mieten und sie nicht einmal geschenkt zu nehmen ..."

Insgesamt den Monopolen zu Diensten, windet sich der kapitalistische Staat hin und her zwischen Widersprüchen, die er im Sinne der Interessen der Monopole zu bewältigen sucht:

– Widerspruch zwischen dem Bedarf an Informatik-Fachleuten und den Ausbildungskosten; ernstzunehmenden Untersuchungen zufolge haben die USA in fünf bis acht Jahren ein Defizit von einer Million Programmierern zu erwarten.

– Widerspruch zwischen der Notwendigkeit, die geistige Arbeit zu proletarisieren, und dem Widerstand eines Milieus, das nicht so gefügig ist wie die zur Anfangszeit der großen Manufaktur versklavten Gesellschaftsschichten; der Übergang von der Sichel zum Hammer war gestern leichter als heute der Übergang vom Füller zum Magnetstift, vom Schreiben an den Kunden zur kodierten Veranlassung von Schritten gegen Zahlungsrückstände.

– Widerspruch zwischen Personaleinsparung und Rückwirkung der Kampfaktionen der Massen.

Die Liste der Widersprüche ist nicht erschöpfend; um sie auf dem neuesten Stand zu halten, brauchte man einen Elektronenrechner, aber mit keinem Programm wird es je gelingen, sie zu vermindern, und ebensowenig wird sich je mit einem Programm bestimmen lassen, wie lange sie sich noch verschärfen werden. Denn bestimmend ist in letzter Instanz die Aktion der Massen, und das Programm der Arbeiterorganisationen ist kein Maschinenprogramm.

Die weltweite Konkurrenz der Monopole

Zuerst sei angeführt, wie sich Hersteller und Service-Gesellschaften den Informatikmarkt teilen.

Acht amerikanische Gesellschaften teilen sich 95% des Weltmarkts; 80% des installierten Bestands sind ihr Eigentum, mehr als die Hälfte davon gehört der IBM; Univac und Control Data folgen mit je 5 · · · 6% des Marktes. Honeywell, der neue Besitzer von Bull, und (vor allem auf lange Sicht) die General Electric mit um 25% größerem Umsatz als die IBM und großer Kapitalüberlegenheit sind stark in den Kampf eingestiegen, wobei sie auf die Großrechner setzen; sie stehen für 40% des Time-sharing (Simultanbetriebs). Burroughs und NCR haben die Waffen nicht gestreckt. Zwei Drittel der internationalen Mietzahlungen bilden den Hauptteil der 35 Milliarden Franc Umsatz der IBM, die fast 6% dieser Summe für Forschung und Entwicklung investiert, und wenn sie 25 Milliarden für die Konzeption der Serie 360[73] aufgewandt hat, wird verständlich, warum die CII[74] mit den 500 Millionen, die die Banque de Paris et des Pays-Bas in ihrem Namen von der französischen Regierung zwecks Herstellung des IRIS 50 (der Pupille der Nation) kassiert hat, heute nur auf einen Weltmarktanteil von 0,4% kommt.

Die amerikanischen Hersteller hatten 1969 laut *US News and World Report* 26700 Einheiten außerhalb der USA installiert; für Ende 1970 waren 32200 vorausgesetzt. Derselben Quelle zufolge würden die 20000 Rechner, die 1975 in Frankreich installiert sein sollen, ebenso wie ihre italienischen Gegenstücke im wesentlichen amerikanischer Herkunft sein. In Westdeutschland entfallen auf die amerikanischen Gesellschaften 75% des Marktes, in der Schweiz 90%, ebensoviel in Brasilien, in Kanada 80%, in Japan noch 55%, derselbe Anteil wie in Großbritannien, wo die ICL als größter nichtamerikanischer Hersteller (40% des Marktes) dem Druck der IBM immer schwerer standhalten kann.

Außerhalb Japans und der sozialistischen Länder waren 1969 zehn Milliarden aufzuteilen. Sie setzten sich wie folgt zusammen: Zentraleinheiten 69%, Peripheriegeräte 9%, Zusatzmaterial 9%, Software und Beratung 5%, Service 8%, Datenbanken 0,5%.

Wenn alles gut geht, werde man 1975 das Kap der 20 oder 30 Milliarden Dollar (170 Md. neue Franc) umrunden; aber gerade weil der Kuchen sehr groß ist, ist ungewiß, ob alles so gut geht: Die kapitalistische Konkurrenz verschärft die Widersprüche des Systems. Auch hier, bei den konkurrenzbedingten Schwierigkeiten der Trusts, wäre eine lange Liste aufzustellen; wir werden einige von ihnen darstellen, ohne erschöpfend sein zu wollen.

Japan

Zum Ende des III. Quartals 1969 waren 5600 Rechner mit einem Wert von 1400 Millionen Dollar installiert.

67% der Anlagen kamen von japanischen Herstellern (wertmäßig 48%, aber das hat keine Aussagekraft, weil beispielsweise anerkannt ist, daß die Konkurrenten der IBM der Großen Dame im Preis-Leistungs-Verhältnis um 20 Punkte voraus sind, abgesehen vielleicht von Südafrika, wo ICL und NCR[75] fest verwurzelt sind und wegen ihres technisch-kommerziellen „Prestiges" um 20% teurer verkaufen können).

Man sieht bereits, daß die schönen Schätzungen aus *US News and World Report* nicht gerade vor der Bestätigung stehen.

Die Hauptthersteller sind der Reihe nach Nippon Electric Co. mit 26% der Anlagen, IBM mit 19% (wertmäßig 35%), Fujitsu mit 15%, Hitachi mit 8%, Univac mit 7%, Oki Electric mit 5%, Toshiba und NCR mit 3%.

Der Bestand ist in diesem Entwicklungsstadium wohlproportioniert: 3042 kleine (unter 110000 Dollar), 2035 mittlere (von 110000 bis 694000), 524 große.

Die drei größten Hersteller haben die Bildung eines Software-Unternehmens vereinbart, der Nippon Software Co.

Die NEC hat vor kurzem eine Großrechnerserie auf den Markt gebracht (erstes Exemplar im Januar 1970 geliefert), die den größten IBM-Systemen (360/75) Konkurrenz macht.

Fujitsu will demnächst eine europäische Vertretung in Österreich eröffnen und soll Verhandlungen über eine Zusammenarbeit mit der ICL (Großbritannien) aufgenommen haben.

Die Tokyo Shibaura hat ihrerseits Rechner herausgebracht, die mit den IBM 360/65 und 75 vergleichbar sind.

Die Software-Fabrikanten haben einen Nationalrat zum Studium der Probleme ihrer Industrien gebildet. Dieser Rat, in dem die wichtigsten Gesellschaften vertreten sind, hat die Unterstützung der Regierung erhalten.

Ein Fernsehkurs über Programmierung hatte 700000 Teilnehmer.

In einer Einschätzung des Rechnermarkts in den USA[76] wird prognostiziert, daß der Markt von 250 Millionen Dollar für 1969 auf 500 Millionen für 1975 anwachsen wird, daß aber die japanische Industrie davon genau 200 Millionen Dollar an sich bringen könne.

Time-sharing[77] und Klein- und Mittelbetriebe

Es wurde schon gezeigt, wie die Hersteller bei der dritten Generation vor antagonistisch widerstreitenden Optionen für ihre Entwicklungen standen: Hie große Systeme mit der Möglichkeit von Time-sharing, hie Kleinrechner. Die großen Orientierungen werden vom staatsmonopolistischen Kapitalismus und vom Marketing der Hersteller abhängig sein.

Das Marketing hat derartige Bedeutung, daß es einen nicht erstaunt, in *Les Échos* zu lesen:

„Die Burroughs hatte mit dem B 5500 eine ausgezeichnete Maschine, die ihrer Zeit voraus war (wirklich betriebsreife Möglichkeiten einer Mehrfachverarbeitung). Aber dieser Vorsprung ergab sich gerade aus ihrer Schwäche – einem derart ineffektiven Marketing, daß Forschung und Entwicklung ungewöhnliche Freiheit hatten."

Womit, nebenbei bemerkt, illustriert wird, was man unter „Befreiung der Produktivkräfte" verstehen könnte. Die Burroughs bekommt im übrigen allmählich Wind in die Segel; ihre Großrechner gewinnen ihr das Vertrauen der Wall Street, der Wert ihrer Aktien hat sich verachtfacht. Man müßte wieder auf das Gebiet der fortgeschritteneren Technik eingehen, um dem Laien zu zeigen, daß die ehrwürdige Detroiter Firma (gegründet 1886) ihre technologischen Bälle klug nach vorn spielt.

Die enormen Abschlüsse, die sie unlängst auf dem Gebiet der großen Systeme getätigt hat, können die IBM das Schaudern lehren. Im Amt für Informatik (Stichwort „Plan Calcul") soll man nahe daran sein zu sagen: „Nehmen Sie vorzugsweise CII, wenn nicht, ist uns alles egal – nur nicht die Burroughs."

Noch ernster wird, wenn sich das Time-sharing allgemein einbürgern sollte, die Konkurrenz der General Electric. Auf diesem Gebiet hat die GE mindestens drei Jahre Vorsprung vor der IBM, sie hat „ihr Startloch gegraben", als das Time-sharing erst einen ganz kleinen Teil des Marktes darstellte. Die GE repräsentiert heute 40% dieses Marktes, sie läßt die IBM mit ihren 19% weit hinter sich, ein halbes Schock Außenseiter, darunter Honeywell und Control Data, machen sich den Rest streitig, die Selektion hat noch nicht stattgefunden.

In Europa zählte die BGE[78] fast 10000 über das Fernsprechnetz angeschlossene Benutzer. Nach der Aufnahme dieses Betriebes in England (1967) soll die GE binnen drei Jahren die Kleinigkeit von 50 Millionen Dollar hineingesteckt haben. Die Software, die den Benutzern offeriert wird, ist annähernd vollständig und unkompliziert; der Gesprächskode Endplatzbediener-Rechner ist in einer halben Stunde zu erlernen (die Konsequenzen lassen sich denken).

Die zweite Affäre Bull, die teilweise Fusion der Interessen von Honeywell und BGE beschleunigt die Konzentrationsbewegung. Die GE hat deswegen nicht etwa den Konkurrenzkampf eingestellt. Man überläßt ganz einfach Honeywell die Mühe, unter Finanz- und Marketing-Schwierigkeiten weiter Profit zu machen, präpariert inzwischen für das Ende der Schlechtwetterzeit die Geheimwaffe Time-sharing, überzeugt inzwischen die x-te amerikanische Firma, daß allein die vierte Generation genug Durchschlagskraft für den Kampf um den Markt verleiht, und wird schließlich den kleinen Bruder verschlingen, dem man soeben schon mit der Kontrolle über 10% des Kapitals einen Fuß in die Tür gestellt hat.

Hier wird sich gewiß auch das Schicksal der Löwin IBM erfüllen. Der Time-sharing-Betrieb ist heute noch ganz und gar nicht rentabel; die Unternehmen nutzen ihren Endplatz nur zwei oder drei Stunden am Tag bei einem Aufwand von 3000 F im Monat pro Endplatz, noch abgesehen von der Telefonrechnung. Kommt aber eine intensive Nutzung, ein Sich-Einspielen der Benutzer, ein „Großereignis" auf dem Werbesektor, eine vierte Generation, die den Namen verdient, dann erlebt man womöglich eine Neuverteilung ... der Karten. Bezahlt wird jedenfalls noch nicht: Die Karten sind gezinkt, aber wie bei den Pokerrunden der schlechten „Western" wird hier schnell geschossen und gelegentlich, um die eigene Partie zu retten, der ganze Saloon angesteckt.

Die IBM hat in diesem Titanenkampf nicht etwa die Waffen gestreckt, aber mit ihrer eindeutigen Orientierung auf inkompatible Kleinsysteme einen Halb-und-halb-Fehlschlag erlitten, wie beim IBM 3 ersichtlich war; das Wundermittel Marketing hat in dem Fall nicht genug gewirkt. Um die errungenen Positionen zu festigen, hat die IBM versucht, die ganze Welt auf ihre entwickelte Sprache PL/1 festzulegen. Die ist nicht so sehr anders als die anderen, doch bei guter Publicity ließen sich eventuelle Systemkäufer damit beeindrucken; immer wieder ist es das Thema ihrer Programmiersprache, mit dem die IBM aufs Katheder steigt und in Orly wie in Marseille-Luminy großen Zulauf von Akademikern hat, von Akademikern, die ins Staunen geraten, wenn sie beim ersten Frühstück ihres Seminars mit dem Grußschreiben der Abteilung Öffentlichkeitsarbeit eine Rose erhalten, übrigens der einzige Augenblick des Seminars, in dem der Name IBM fällt. Man versteht sich auf solche Feinheiten!

Die IBM hat tatsächlich auf dem Gebiet des Time-sharing einige Punkte gesammelt, vor allem in Universitäts- und Wissenschaftskreisen. Jedenfalls ist es auch für die IBM schwierig, mehreren Hasen zugleich nachzusetzen.

Hintergrund der Kämpfe zwischen den Herstellern, die die Einbürgerung des Time-sharing auslöst, ist die außerordentliche Beschleunigung der Vergesellschaftung der Produktivkräfte selbst in Sektoren, die in derart individualistischem Ruf stehen wie die Notariate. Denn das Time-sharing vermittelt seinen Abonnenten den Zugang zu Daten- und Informationsbanken, die mit ihren Jahrbüchern, Wörterbüchern, Gesetzsammlungen, pharmazeutischen und diagnostischen Registern, Dokumentationen und Sünderkarteien dem Bedarf und zuweilen dem Wesen der Aktivität so verschiedener Professionen entsprechen wie der des Juristen, des Arztes, des Immobilienmaklers, des Bankfachmanns, des Patentanwalts usw., die großenteils damit auch zur Form der Lohnarbeit übergehen.

Ist es noch nötig zu betonen, daß sich eine immer größere Kluft zwischen dieser Vergesellschaftung der Produktions- und Austauscharbeit und der Konzentration des Eigentums an den Produktionsmitteln in immer wenigeren Händen auftut?

Die Farce vom Generationskonflikt der Rechner

Man hat gesehen, wie sich die Informatik von Anfang an weit mehr im Sinne der Herstellerinteressen und der Bedürfnisse der Militärs entwickelte als im Sinne von Interessen und Bedürfnissen der überwältigenden Mehrheit der tatsächlichen oder potentiellen Nutzer. Dieser Interessengegensatz ist mehr und mehr offenkundig. Die Rechnerindustrie strebt ihrer Eigendynamik zufolge nach Intensivierung ihrer Produktion, die Industriellen aber sträuben sich mehr und mehr dagegen, auf Gedeih und Verderb dem aggressiven Marketing derer zu folgen, die am Giebel ihrer neuen Kathedralen zu stehen haben: „Nicht vorwärtskommen heißt sterben."

Wir haben die vielen Gründe gezeigt, die die Hersteller dazu treiben, wohl oder übel eine vierte Generation herauszubringen. Die IBM hat es nicht gewagt oder nicht wirklich vermocht. Die 1970 herausgebrachte Serie „370" wird nicht als „neue Generation" bezeichnet, es ist einfach eine „neue Serie", die den beginnenden technologischen Rückstand der IBM gegenüber anderen Herstellern (Univac und Burroughs) überbrückt. Wir werden jetzt die Gründe zeigen, aus denen jene vierte Generation Gefahr läuft, bei den Industriellen auf Ablehnung zu stoßen, wobei wir den jetzigen Zustand einer relativen Überausstattung vor Augen führen und damit auf die nicht unbeträchtliche Gefahr einer Überproduktion in den nächsten Jahren oder zumindest auf die Tendenz zur Verschlechterung der Produktivitäts- und Absatzbedingungen hinweisen werden.

Ohne für 1972 oder 1978 die Krise voraussagen zu wollen, natürlich auch ohne unterstellen zu wollen, daß dieser oder jener Hersteller dabei Haare lassen dürfte, ist doch daran zu erinnern, daß die *Titanic* solange „unsinkbar" war, bis sie eines Tages im Nebel auf einen Eisberg lief. Zu bedenken ist auch, daß, wenn eine Krise im Automobilbau eine Kette erheblicher Konsequenzen von Detroit bis in die Wall Street nach sich zieht, eine Krise der Rechnerindustrie unübersehbare und zweifellos nicht umkehrbare Folgen hätte, da die ganze Wirtschaftstätigkeit der kapitalistischen Länder eng mit ihr verflochten ist. Das ist zu sehen, wenn ein einziger Rechner in einer Bank oder bei der EDF eine Panne hat, wenn ein Rechenbetrieb, der Lohnrechnung und Buchführung für rund tausend Kleinbetriebe ausführt, Bankrott macht; die Bestürzung ist typisch. Das nun mit 100000 multipliziert, und die Panik wäre im Nu da.

Die IBM hatte zu ihrer Verblüffung erlebt, wie leicht die 1401 der zweiten Generation die klassischen Ausrüstungen ablösten und massenweise in den ganzen Tertiärsektor vordrangen. Man nahm die Bestellungen telefonisch entgegen; ein Jahr lang erwiesen sich die Quoten, die für die Vertreter festgesetzt waren, zuweilen als Tropfen auf dem heißen Stein, und die teils enormen Kommissionszahlungen bildeten in Frankreich u. a. in etwa den Grundstock zu einer Kette von Selbstbedienungsläden.

Auf Seiten der Benutzer wurde man sehr schnell gewahr, daß ein Rechner nicht mit einem Staubsauger verwechselt werden darf. Die Kostenvoranschläge erwiesen sich gleichfalls als Tropfen auf dem heißen Stein: Die Softwarekosten betrugen 60 ··· 70% des Maschinenpreises, das maschinengerechte Datenerfassen machte allein 50 ··· 70% der Gesamtbetriebskosten der Maschine aus. Die Betriebsstrukturen wehrten sich gegen das Eindringen dieses Fremdkörpers. Widerstrebend zahlte man so teuer für die „teuren Programmierer", die zuweilen nicht einmal einen Berufsabschluß vorweisen konnten.

Die Bedingungen hatten sich kaum gebessert, als die IBM einige Jahre danach beschloß, die dritte Generation herauszubringen, wobei sie ihren ersten Kunden einredete, daß die zweite Generation nur noch Museumswert habe, und den noch nicht mit Rechnern versehenen Unternehmen weismachte, sie dürften nicht die Chance verpassen, diesmal als erste Maschinen zu erstehen, die nicht so bald überholt werden könnten.

Wenn das Kap der dritten Generation derart leicht umschifft werden konnte, dann deswegen, weil es noch einen ausgedehnten Markt gab, der noch nicht vom Hauch des Elektronengottes angerührt war; und die Pioniere mußten sich anschließen, weil anzunehmen war, daß die Neulinge einen definitiven Vorteil im Konkurrenzkampf erhalten würden. Sehen wir uns nun näher an, wie diese ganze schöne Welt die Manipulation der Hersteller beurteilt, der sie damals letzten Endes nicht entrinnen konnte.

Der Diebold-, der MacKinsey- und der Sincro-Bericht (für Frankreich) von 1968 und 1969 liefern sehr gute Urteilselemente.

Zunächst geht daraus hervor, daß das Informatik-Budget der untersuchten Unternehmen von 1963 bis 1968 auf das Doppelte anstieg und dann eine erhebliche Verlangsamung einsetzte. Weiter geht aus dem MacKinsey-Bericht hervor, daß die amerikanischen Großunternehmen schon 1962 in der massiven Nutzung der Möglichkeiten der Informatik für ihre Verwaltungstätigkeit weit fortgeschritten waren; für 1968 stellt der MacKinsey-Bericht fest, daß die wichtigsten Anfangsziele erreicht waren, die maschinelle Großserienfertigung von Papierkrieg nun lief, die Probleme der Prognose, der Planung, der Optimierung von Absatz und Produktion aber noch ungelöst waren, und zwar hauptsächlich deswegen, weil ihr Studium unvergleichlich größere geistige Investitionen verlangt und sich letzten Endes, wenn sie maschinengerecht gemacht sind, herausstellt, daß die für sie erforderliche Maschinenzeit unvergleichlich geringer ist als die für die Großproduktion von Drucksachen.

In technischer Hinsicht ist zur Erhellung der „subjektiven“ Bemerkungen des Berichts die Feststellung von Interesse, daß sich zwar nach Ansicht der meisten Fachleute das Leistungsvermögen der Zentraleinheiten der Rechner alle dreißig Monate verzehnfacht, daß aber die Geschwindigkeit des Ausgabegeräts Druckwerk binnen zehn Jahren nicht den doppelten Wert erreicht hat; der Drucker schafft maximal 1200 Zeilen pro Minute. Nun sind 90% der Arbeiten Großserienfertigung von bedrucktem Papier, arbeiten 80% der Rechner im Einprogrammbetrieb, kann man zur Zeit der Ansicht sein, daß der Hauptspeicher als „lebendiges“, Rechnungen „produzierendes“ Organ mit seiner Nanosekunden-Arbeitsgeschwindigkeit 90 ... 95% der Zeit über untätig ist, mit anderen Worten, daß er zehnmal soviel bedrucktes Papier produzieren könnte, wenn das Druckwerk zehnmal schneller wäre. Der Skandal daran ist, daß diese Möglichkeit heute schon vorhanden ist, daß sich mit bestimmten im Labormaßstab entwickelten Verfahren, bei denen die Einschränkung durch die mechanische Trägheit der Druckhämmer wegfällt (wie bei den xerographischen Verfahren), Geschwindigkeiten von 7000 oder 10000 Zeilen pro Minute erreichen ließen, daß also, wenn diese Verfahren auf dem Markt wären (es handelt sich um die Auswertung eines Experiments), die Produktivkraft der installierten Rechner drei- bis fünfmal größer wäre als jetzt. Die Arbeit, die einer derartigen Maschine aufzugeben wäre, hätte solche Bedeutung auf der Software-Seite, daß die Problematik einer leistungsfähigeren Maschine der vierten Generation dahinter weit zurückstehen würde.

Aber selbst bei 1000-Zeilen-Druckern und ohne Berücksichtigung der Unterforderung der Zentraleinheit ist bereits eine relative Überausstattung durch Nichtauslastung des schon installierten Materials festzustellen.

Unsere Demonstration ist im übrigen auch ein gültiger Beweis des allgemeinen Unvermögens des kapitalistischen Systems, den von ihm hervorgebrachten Produktivkräften – Techniken, Technikern und Maschinen – freie Bahn zu geben, und sei es auf der Stufe des einzelnen Unternehmens:

52% der Unternehmen nutzen ihren Rechner nur 8 Stunden am Tag, und dies bei 60% nur an 5 Tagen pro Woche. Nur 2% nutzen ihn 6 Tage lang je 24 Stunden.

Das soll keine Apologie der Nachtarbeit sein, sondern vielmehr begreiflich machen, daß diese Nichtauslastung für den Unternehmenschef unerträglich ist und daß, wie schon gesagt, die Proletarisierung der Informatiker auf der Tagesordnung steht, was seine Konsequenzen für den wirklichen Bedarf des Rechnermarkts haben muß.

Für den Augenblick ist als Gradmesser der Nichtauslastung und der mangelnden Rentabilität des Materials festzuhalten, daß eine Firma, die auf den Einfall kam, als Bindeglied zwischen potentiellen oder zu gering ausgestatteten Benutzern und wohlversorgten Benutzern zu fungieren, die Maschinenstunden um drei Viertel billiger verkaufen kann als der Hersteller (106 Franc pro Stunde auf einem Rechner, der für 80000 Franc pro Monat vermietet wird, bei 182 Monatsstunden also für 440 F/h).

Eine Untersuchung bei 8000 amerikanischen Gesellschaften zeigt, daß die Informationsverarbeitungssysteme, die Rechner, in 9 von 10 Fällen nicht ausgelastet sind. In 60% der Fälle sind sie nicht rentabel, in 50% der Fälle sind sie Nachahmer, arbeiten also mit Programmen, die für die Technologie der

Rechner der zweiten Generation konzipiert und geschrieben wurden.

Der Frankreich-Chef jenes Unternehmens, A. R. Marks, erklärte im Februar 1970 nicht ohne Humor:

„Wir werden allmählich von den Behörden sehr geschätzt. Die Budgetkürzungen bewirken, daß sie sich immer häufiger an uns wenden ... Oft erledigen sie ihre Informatikarbeiten mit einem Viertel der Kosten, die sie vorher zu tragen hatten."

Dieses Unternehmen ist auch sehr darauf bedacht, seine Aktivität auf dem Gebiet des Time-sharing auszubauen. Wir werden beim Thema Nationalisierung darauf zurückkommen.

Daniel Garric mit seinem sehr pittoresken journalistischen Stil, sonst Apostel der „totalen Revolution Informatik", neigt in Fragen der Software zuweilen zu der Ansicht, daß man zuerst die totale Revolution der Informatik machen müsse. Wir entnehmen ihm eine ziemlich gut gesehene Stelle, aus der auch deutlich hervorgeht, daß den Informatikern die Unangemessenheit der auf kurzfristigem Maximalprofit fußenden Produktionsverhältnisse zu Bewußtsein kommen kann, auch wenn sie daraus nicht immer auf wissenschaftliche Art die erforderlichen Konsequenzen ziehen:

„Die ersten ernsten Mißhelligkeiten entstanden mit der dritten Generation. Die IBM hatte ein Budget von 50 Millionen Dollar für die Programme vorgesehen. Erforderlich waren fast 500. Für ein Ergebnis, über das sich zumindest streiten läßt. Pech gehabt. Keine Zeit. Der ‚Eisenkram' mußte amortisiert werden.

Und Schritt gefaßt, der ganze Verein!

Heute wird verschnauft. Weil die Dinge dazu zwingen.

Die Proteste kommen von überall her. Der berühmte MacKinsey-Bericht offenbart, daß die Vergeudung allgemein ist, daß nur wenige Unternehmen ‚ihre' Maschinen richtig zu nutzen wissen. Als hätte man mit dem Rechner den berühmten Witz von der Konservenbüchse materialisiert, auf der geschrieben steht: ‚Öffnen nach einliegender Anweisung!' Die anfängliche Konfusion ergab, daß die Informatikindustrie aus der Bürotechnik hervorging, daß sie deren Vertreternetze und deren Verkaufsstil übernahm. Die Hersteller hatten es eilig, eine ‚Eisenware' zu verschleißen, die in ausgezeichnetem Betriebszustand war."

Zu ergänzen ist, daß sie es heute noch eiliger haben: Der Preis der Bauelemente ist in acht Jahren fast auf ein Hundertstel gesunken, während die Zuverlässigkeit auf das Hundertfache gestiegen ist.

Überall, wo sie nicht unentbehrlich ist, überall, wo sie schwer zu proletarisieren ist, scheuen die Kapitalisten die Nutzung der geistigen Arbeit, verweigern sie das Freisetzen jener Produktivkräfte, die nicht unmittelbaren Anteil an der kapitalistischen Akkumulation haben.

Besser zu beurteilen ist danach die wichtige Entscheidung der IBM, zwecks maximaler Abwälzung der Lasten für die Wartung und insbesondere für die Software der Maschinen eine Politik des „Unbundling" zu betreiben, was wie Anbandeln klingt und bedeutet, daß Hardware (Maschinen) und Software (Grundprogramm plus Instandhaltung) getrennt in Rechnung gestellt werden. Man meint IBM-Boss Mr. Watson mit texanischer Unverblümtheit sagen zu hören: „Schluß jetzt, mit diesen Eggheads[79] ist kein Dollar Profit mehr zu machen." Man meint auch zu hören, wie er in einer schwungvollen „Lobrede" auf das französische Genie und den amerikanischen Unternehmergeist den anderen Kapitalisten zuruft: „Make it with them!"[80]

Man ist weit entfernt von dem vornehmen „Think"[81], das vor wenigen Jahren auf Spruchbändern in allen Büros prangte.

Unter diesen Bedingungen werden die Informatiktrusts im Entscheidungskampf der vierten Generation aufeinanderprallen, dem sie, wie gezeigt, nicht ausweichen können.

Ihre einzige Chance, die Klippe zu bewältigen, haben sie letzten Endes in Europa. Europa ist heute nicht die Chance für Frankreich, wie die Theoretiker der Technokratie lauthals verkünden; es ist die Chance für die USA. Motto: Wenn schon keine Vietnamisierung, dann wenigstens die Informatisierung, los, hin mit unserem Rechnerüberschuß.

Erinnern wir daran, daß Honeywell, ebenfalls zu den Großen der Informatik zählend und neuer Besitzer von Bull, für 1970 zweierlei Berufung empfand:

Erstens zum Preisbrecher bei Rechnern, wozu der 41648 mit seinen 48 Endplätzen zum halben Preis der Konkurrenzerzeugnisse auf den Markt gebracht wurde.

Zweitens zum „Viet-Knacker", wozu der Konzern dieses Märtyrervolk mit den billigsten und mörderischsten Splitterbomben der Welt bewerfen läßt. Auf ihn fällt die Schande, diese Mordwerkzeuge bis zum höchsten Raffinement entwickelt zu haben.*

Europa: Eine Chance für Frankreich oder für die USA?

Es gibt Wirtschafts- und Finanzbereiche, wo der staatsmonopolistische Kapitalismus seine Strategie geschickt verborgen hält. So enthält der „VI. Plan“ zum Beispiel keine Zahlenangaben, sondern nur einige Orientierungen, die vage genug sind, um die Kritik zu erschweren.[82]

Was dagegen das Amt für Informatik angeht, braucht man nicht zwischen den Zeilen lesen zu können, um die Erklärungen der Technokraten der Staatsmacht zu interpretieren. Was Maurice Allègre, seit 1968 Bevollmächtigter für Informatik, von sich gibt, das strotzt von naiver Offenherzigkeit.

Jedesmal, wenn eine neue Informatikzeitschrift herauskommt, ist Kamerad Maurice (so nennen sich die „Polytechniciens“** untereinander) mit seinem aufsehenerregenden Interview zur Stelle. Er hat eine rasche Auffassungsgabe für die Befehle seiner Vorgesetzten, aber er kann nicht Abstand gewinnen; er arbeitet im Echtzeitbetrieb. Man wird im nächsten Abschnitt sehen, wie diese Technokraten der „Banque de Paris et des Pays-Bas“ die französische Rechnerindustrie an die Amerikaner verschleudert haben. Sehen wir jetzt, wie sich unser Mann über Europa äußert[83]. Das ist sein Gewicht in Transistoren wert:

„Wenn zur Zeit auch viel davon gesprochen wird, die Informatik zu entmystifizieren, so glaube ich doch an die Nützlichkeit gewisser Mythen, sofern sie positiv, aktiv sind und man durch sie vorwärtskommen kann. Der europäische Großrechner ist nämlich ein Mythos, den man schaffen und dem man soviel Kraft verleihen muß, daß die Notwendigkeit, ihn zu schaffen, sich aufdrängt . . .

Für das Amt für Informatik wäre es das Ideale, den Industriellen soundsoviel Millionen zur Verfügung zu stellen und ihnen zu sagen: Machen Sie den bestmöglichen Gebrauch davon . . .

---

* Man vergleiche dazu Anhang III. – Anm. d. Red.

** Absolventen der École polytechnique. – Anm. d. Red.

Aber die Menschen sind nicht vollkommen. Die Industriellen sowenig wie wir ... Wenn das Geld, das ausgegeben wird, dem Staat gehört, muß man einige Vorsichtsmaßnahmen ergreifen ...

Nehmen Sie zum Beispiel die drei europäischen Gruppen Philipps, Siemens und Thomson/CGE; sie haben eine lange konkurrenz- und kampferfüllte Vorgeschichte. Das macht ein Einvernehmen zwischen Informatik-Tochtergesellschaften sehr schwierig ... Aber das andere Herangehen auf rein staatlicher Ebene ist ganz einfach unmöglich ... Die Euratom kommt nicht über die Widersprüche zwischen dem Industriellen und dem Nichtindustriellen hinweg. Ganz zu schweigen von dem berühmten ungeschriebenen Gesetz der ‚richtigen Umkehrung', kraft dessen *Eigennutz vor Gemeinnutz geht.*"

Und abschließend dann, falls jemand noch nicht begriffen haben sollte:

„Das Einvernehmen muß also zuerst auf der Ebene der Industriellen hergestellt werden, mit dem Segen, d. h. mit der massiven finanziellen Beteiligung, der Staaten.

Nur unter diesen Bedingungen kann es eine wahrhafte, kann es die einzig mögliche europäische Informatik geben."

Bis unsere mittelmäßigen Kapitalisten des alten Kontinents es so schaffen, miteinander übereinzukommen, sind die Übereinkommen zwischen RCA und Siemens aufmerksam zu beobachten, denn ...

„Die Informatikindustrie, nun, einerseits ist sie völlig von den Amerikanern beherrscht, andererseits handelt es sich ausschließlich um Privatunternehmen; existenzfähig sind nur Privatunternehmen, nicht irgendein ‚Commissariat au calcul'. Deshalb steht in CII ein ‚I' für ‚international'."

Welche Funktion hätte dann der „Plan Calcul", Herr Minister? Was sonst, als – nach Ihren Worten – das Kind auszutragen, das Sie der französischen Industrie hinterrücks gemacht haben und (man verzeihe uns den Ausdruck) „das Baby zu den sieben Zwergen zu schicken"[84]?

So sieht er also aus, der AMIBE – der Allègre-Mythos Internationale Baby-Elektronik.

In Ermangelung genauer Zahlenangaben für den „VI. Plan" kennt man nun wenigstens seine Orientierungen ... auf das „Europäische", „Supranationale".

Aber sehen wir uns die Zahlen an, die an anderer Stelle über den Platz der europäischen Rechner in Europa und in den USA veröffentlicht wurden:

	1962	1967	1970	1975
Vereinigtes Königreich	79,5	44,6	40	50
Frankreich	49,1	34,5	6[1]	*
Niederlande	45	33	Erhalt der Positionen	
BRD	24,5	21,7	Ergebnisse und Prognosen nicht bekannt[2]	
Belgien-Luxemburg	36,6	15,9		
Italien	20,6	*	*	*
USA	*	*	*	*

* Weniger als 0,5%
[1] ICL 3,5%, Philipps 0,5%, CII 2% (zum Teil in Lizenz)
[2] Insbesondere unter dem Einfluß von ICL und Siemens

– Der amerikanische Markt, der heute mit 62% des Weltmarkts veranschlagt wird, soll in fünf Jahren nur noch 46% darstellen.
– IBM World Trade (IBM außerhalb der USA) soll 1972 50% der Gewinne der Firma und 1975 50% ihres Umsatzes bringen.

Mr. Arthur Humphreys, der Chef der ICL (Großbritannien), ist den USA gegenüber nicht so zartfühlend wie Maurice Allègre und erklärt: „Alle Feinde der IBM sind unsere Freunde."

Er ist für sein Teil überzeugt von der Möglichkeit, eine nationale Informatikindustrie aufzubauen und den amerikanischen Trusts Widerstand zu leisten. Gewiß verficht Arthur Humphreys damit die Eigeninteressen seiner Firma, aber die der britischen Regierung sind sichtlich komplexer, und er beklagt sich bitter über seine Regierer, die zugleich „Großaktionäre der ICL sind und bei den Amerikanern kaufen, wie unlängst im Meteorologischen Amt und im Innenministerium geschehen". Er beklagt sich ebenso über die quasi-1920er Verteufelung der sozialistischen Länder durch die britische Regierung: „Wenn die Regierung ihre Haltung änderte, gäbe es in wenigen Monaten substantielle Gewinne."

Diese Erklärungen muß man gebührend zur Kenntnis nehmen.

Nichtsdestoweniger betreibt die ICL ihre Offensivpolitik weiter; mit dem ICL 1904 A beginnt sie ein Fernverarbeitungsnetz aufzubauen, das sich von Schweden bis nach Italien erstrecken wird.

An Kompetenzen, an Ressourcen fehlt es in Europa tatsächlich nicht, aber die europäischen Kapitalisten lassen zu, daß ihre Exporte immer mehr hinter ihren Importen zurückbleiben. Das Außenhandelsdefizit bei Rechnern stieg in Großbritannien von 30 Millionen Pfund für 1968 auf 45 Millionen Pfund für 1969. Immerhin gibt es jenseits des Ärmelkanals einen Unterausschuß des Unterhaus-Ausschusses für Wissenschaft und Technologie, der in knapp drei Jahren einen wichtigen Bericht über die Frage vorlegen soll. In Frankreich gehen die Dinge schneller, ist doch das Amt für Informatik, Kamerad Maurice zufolge, organisiert „wie ein Stoßtrupp".

Und der Kamerad J.-J. S.-S. (auch ein „Polytechnicien") hat denn auch in *Le défi américain* eine dynamischere Vision vom aggressiven Europa:

„Der Rechner, die Waffe der Zukunft, ist in Europa entstanden. Und ihre Eroberung ist weniger ein Finanzproblem als ein Problem der Konzentration von geistigen Ressourcen, der Organisation und der Phantasie." [85]

Ja, die Phantasie ... In *der* Preislage ist dies Europa im Nu erbaut.

Man tröste sich. J.-J. Servan-Schreiber hat nicht vergessen, was für ihn die Wahrheit ist, sie hat einen Namen, es ist der Profit. Nicht rechts und nicht links, weder Zentrum noch Mitte, nein, einfach der kapitalistische Profit. Und der hat keine Farben.

Nach den angeführten Zahlen, nach den Erklärungen des ersten Kameraden kann man nur folgern, daß der zweite schamlos gemeinsame Sache macht, wenn er schreibt:

„In der europäischen Verwirrung hat wahrscheinlich Frankreich aus einigen ausgezeichneten und anderen mehr zwielichtigen Gründen in den letzten Jahren das anhaltendste prinzipielle Verlangen gezeigt, sich – allerdings im nationalen Rahmen – nicht der Satellitenmacherei preiszugeben." [86]

Ein Frankreich – nicht für Franzosen

Frankreich? Aber hören wir das Amt für Informatik: „Unsere Rolle besteht nicht darin, Rechner herzustellen ..., auch wenn wir ihre Realisierung weitgehend finanzieren, wie im Fall der CII."[87] Wenn Sie das zum Weinen finden, dann sollten Sie wissen, daß wir dazu zwei Augen haben, den IRIS 50 und den IRIS 80. Man nennt sie auch die Pupillen der Nation, denn als ihr Papa Bull an die Amerikaner verkauft wurde, bekam die „Banque de Paris et des Pays-Bas", der vom Familienrat des Großkapitals bestellte Vormund, für ihre Betreuung bis zum Aufnahmealter der Kadettenanstalt die Kleinigkeit von 650 Millionen Franc. Die Problematik der „Bank von Paris und den Niederlanden" ist jetzt die Frage, wem sie „das Baby schicken" soll, das da an französischer Mutterbrust gut genährt wurde – oft genug wird ja wiederholt, daß es in Frankreich „nicht an technischen Kompetenzen fehlt".

Die GE als Aufkäufer jenes verschleuderten Unternehmens Bull, das als erstes der Welt einen Großrechner herausgebracht hatte, den Gamma 60, der noch immer Hochachtung weckt und noch 1968 in Japan Absatz fand – die GE hat das sehr gut verstanden und sich dabei nicht getäuscht. Heute kann die amerikanisch kontrollierte Honeywell-Bull-GE rühmen, die französischen Techniker (10388 unter ihrem Kommando arbeitende Personen) ausgenutzt zu haben, um einen Rechner französischer Konzeption und Fabrikation hervorzubringen, den GE 58, der in der Nachfolge der GE 50 und bei seiner Auslegung à la „Französischer Kleinwagen" schon heute Absatzaussichten in Höhe von 20000 Maschinen hat, per 1980 sogar von 60000 allein auf dem nordamerikanischen Markt; ein gewichtiges Stück Mitgift bei der Heirat mit Honeywell. Die „Eierköpfe" sind teuer, dort jenseits des Atlantiks, und das beste Geschäft ist es, die Sklavenhandelspraxis zu modernisieren, solche Leute in ihrem eigenen Land für geringeren Lohn arbeiten zu lassen und den Gewinn einzustreichen. Kurz, man kann nicht unbedingt sagen, daß der Imperialismus versucht, die Intellektuellen zu proletarisieren; wenn er sie kolonisieren kann, ist das Risiko für ihn noch geringer.

Gewiß, die CII ist französisch ... und „von den Niederlanden". Erklärung verlangen dann aber die Angaben über den Absatz von Informatikmaterial in Frankreich 1968, die von der Botschaft der USA in Paris berechnet und von der Zeitschrift *Informatique sélection* in Heft 15, März 1970, mitgeteilt wurden (Verzeihung bitte am Quay d'Orsay, aber die *Informatique* ist im Handel):

Der Absatz wird auf 760 Millionen Dollar beziffert, davon 670 für Zentraleinheiten, 56 für CII-Material und 34 für Peripheriegeräte (von der SPERAC vielleicht? Inzwischen von der CII geschluckt).

Jene 56 Millionen Dollar entsprechen 50% der öffentlichen Mittel, die der CII zugeflossen sind.

Alle „Phantasie" der J.-J. S.-S. wäre nun nötig, um folgendes erklären zu können: Wenn der französische Markt zu 90% von amerikanischen Rechnern überschwemmt ist, wie kann dann die CII, die nur für 2% des nationalen Marktes steht, das Kunststück fertigbringen, für 9% der amerikanischen Importe zu stehen? Etwa mit dem bewußten „I" für „international", Herr Kamerad Generalbevollmächtigter für Informatik?

Kapitel IV

Sozialistische Prognose der Informatik

Jede prognostische Studie über die Informatik muß, wenn sie Sinn und Verstand haben soll, den Rahmen eines sozialistischen Frankreich vorsehen. Bedingungen und Konsequenzen dieser Wandlung werden im letzten Kapitel noch besser im Licht der Informatik und der industriellen Revolution zu sehen sein, und zwar unter ihrem politisch-polemischen Aspekt.

Es ist jedoch auch von Interesse, ohne Verzicht auf Ökonomie und Politik von einem mehr technischen Standpunkt aus zu prüfen, wie sich die Informatik in Frankreich hätte entwickeln können und wie sie sich noch entwickeln kann.

Da die Zusammenarbeit mit den sozialistischen Ländern dabei eine wichtige Rolle zu spielen haben wird, ist folglich der Stand dieser Techniken in diesen Ländern zu prüfen, besonders in der UdSSR und in der DDR. Anhand dieser Prüfung wird sich auch ermessen lassen, wie sehr die sozialistische Wirtschaftsplanung, die sozialistische Wirtschaftsorganisation im Zeitalter der Elektronenrechner die einzig wissenschaftliche „Methode“ bilden, mit der sich tatsächlich aus dem gewaltigen Aufschwung von Wissenschaft und Technik, der das ausgehende 20. Jahrhundert charakterisiert, ein entsprechender Aufschwung der Produktivkräfte gewinnen läßt, also in letzter Instanz eine Zunahme der Mußezeit der Menschen, *aller* Menschen.

Nicht mehr jene Muße der dreimal acht Stunden, wie sie die Gewerkschafter zu Jahrhundertbeginn forderten (8 Stunden Arbeit, 8 Stunden Ruhe, 8 Stunden Muße), sondern ein Entwickeln und Anwenden aller ihrer körperlichen und geistigen Ressourcen, ein Befriedigen ihrer physiologischen und kulturellen Bedürfnisse, ihres Bedürfnisses, am Vorwärtskommen der Gemeinschaft mitzuwirken sowohl durch die schon mögliche schöpferische Betätigung als auch durch die gelieferte Arbeit, die ihren entfremdenden Charakter verliert und vom

Zwangsgebot des eigenen Überlebens zur freien Teilnahme am Leben der Gemeinschaft wird.

Wenn auch bei dem rapiden Wachstum dieser Länder, die zum Teil vor 25 Jahren noch brachlagen, Fehler vorgekommen sind und vorkommen, nötigt der für die hochindustrialisierten Länder des Westens beispielgebende Aufbau des Sozialismus zum Respekt und zum Nachdenken darüber, was Frankreich unter Produktionsverhältnissen, die nicht mehr auf der Ausbeutung des Menschen durch den Menschen beruhen, erreichen könnte – Frankreich mit seinen demokratischen und kulturellen Traditionen, mit der lebendigen Kraft seiner 15 Millionen Lohnarbeiter, seiner neun Millionen Arbeiter im engeren Sinn (Rußland hatte 1917 drei Millionen), ein Frankreich, in dem die 5000 Elektronenrechner nicht zu drei Vierteln den Chefs von 3000 Unternehmen gehören, sondern als kollektives Volkseigentum vom Volk für das Volk betrieben werden, so daß die Arbeiterkontrolle über ihre richtige Nutzung nicht mehr leeres Wort, nicht mehr Parole technokratischer oder gauchistischer Hohlheiten wäre.

Unverträgliche Sprachen

In der Auktionshalle von Sète gibt es einen Rechner, der die Versteigerung des Fischs beschleunigen und den Seeleuten gestatten soll, schneller wieder zu ihren Produktionstätten auszulaufen.

Radio Conquet bekommt die Wettervorhersagen von einem Rechner. Wenn Sturm angekündigt ist, laufen die Mutigeren aus, denn der Fisch erzielt dann bessere Preise.

Die sowjetische Fischwirtschaft wiederum nutzt jetzt Computer regelmäßig zur Organisierung ihrer Fangzüge. Prognosefehler mit erheblichen Konsequenzen waren für die Verantwortlichen der Fischerei Anlaß, mit mathematischen Methoden und mit Hilfe der Elektronik die Problemlösungen für die Wanderung der Schwärme, die günstigsten Fangperioden, optimale Fangmengen usw. zu suchen. Man konnte ein mathematisches Modell der Gewohnheiten eines Lachsschwarms aufstellen, das dessen „Ausbeutung" unter günstigsten Bedingungen bei gleichzeitiger Planung seiner Kapazitäten für die nächsten 50 bis 100 Jahre gestattet. Wegen der zufriedenstellenden Ergebnisse wurde diese Forschung generalisiert. So wurden denn in letzter Zeit ein Rechenzentrum beim Ministerium für Fischwirtschaft und ein Lehrstuhl für Programmierung an der Ichthyologischen Fakultät der Universität Moskau geschaffen.[88]

Wenn sich sowjetische und französische Informatiker begegnen, hat man den Eindruck, daß sie ... nicht dieselbe Sprache sprechen, trotz der Simultanübersetzung. Ihre professionellen Anliegen lenken sie einfach nicht auf dieselben Interessenschwerpunkte. Die aufgeworfenen Fragen, in Frankreich für ein nichtspezialisiertes Publikum kaum verständlich, sind drüben Themen des Tages; hier stehen die Informatiker perplex davor, drüben sind sie Gegenstand von Seminaren mit breitem Teilnehmerkreis. Die ersteren wollen wissen, wie es mit den Forschungen auf dem Gebiet der Simulierung von höheren Gehirnfunktionen zur Optimierung von wissenschaftlichen Arbeitsvorgängen steht, wie mit dem Erkennen von Phonemen als wesentlicher Grundlage für die Direkteingabe der menschlichen Sprache in den Rechner, wobei diese am Eingang zerlegt und am Ausgang wieder zusammengesetzt wird; man möchte wissen, ob die betriebsstatistische Software für die Optimierung der Chemiekombinate, die mehr als 30 nichtlineare Vektorengleichungen enthält, schon ausgearbeitet ist usw.

Bei den letzteren dagegen sind abgesehen von den Akademikern, die außer im Mythos von der „Partnerschaft Unternehmen-Universität“ von der Produktion abgeschnitten sind, diejenigen tonangebend, für die man „in Informatik macht“, wie man „in Erdöl macht“; man darf sich nicht wundern, wenn in Frankreich nur jeder zehnte Informatiker weiß, was ein Algorithmus ist (und jeder hundertste ihn mit einem „i“ schreibt). Man spricht nicht dieselbe Sprache, weil man sich nicht mit denselben Problemen beschäftigt, weil man sie nicht im selben Zeit- und Raummaßstab sieht, im Grunde also, weil die Informatik nicht dieselbe gesellschaftliche Rolle spielt.

Um nicht mißverstanden zu werden: Die Rede ist von der überwältigenden Mehrheit der Informatiker, die an den 100000 „westlichen“ Rechnern arbeiten; manche, die an Spitzenforschungen, an der Bestimmung der Ziele des „VI. Plans“ oder am Programm für eine Raumflug mitarbeiten, werden eine gemeinsame Sprache mit entsprechenden Fachleuten aus der UdSSR oder aus den Volksdemokratien finden. Aber die anderen sind infolge der übermäßigen Arbeitsteilung, der Überspezialisierung, des Pragmatismus und Empirismus nicht imstande, ein Gespräch mit einem sowjetischen Techniker zu führen, das auch nur im geringsten über die Geschwindigkeit des Druckers, die Effektivität von Entscheidungstabellen, die relativen Meriten dieser oder jener Sprache, dieses oder jenes Herstellers in ihrem Preis-Leistungs-Verhältnis hinausgeht.

Die eigentliche Unverträglichkeit der Sprachen würde sich jedoch immer dann zeigen, wenn die westlichen Informatiker in ihrer Technikersprache mit jenen reden wollten, die die Rechner befehligen und ... besitzen: In der beginnenden industriell-technischen Revolution hat die Technik logische Zusammenhänge, die die Logik des Industriellen nicht kennt; siehe als Beispiel unter tausenden die in *Le Monde* vom 5. Mai 1970 gezogene Bilanz der Mechanisierung in der Wall Street:

„Die Superprofite, die in den Jahren intensiver Spekulation 1966 bis 1969 (von den Börsenmaklern) eingestrichen wurden, fanden meist Verwendung für Prestigeausgaben statt für das Streben nach Effektivität.

So kaufte jede Firma von einiger Bedeutung einen Elektronenrechner und ließ ihn von den Besuchern bewundern ... Die Durchschnittskosten der Ausführung einer Börsenorder in Wall Street, die vor der Einführung elektronischer Mittel 4 F betrugen, sind im Mittel auf mehr als 50 F gestiegen."

Nun braucht man sich nur eine Fachzeitschrift näher anzusehen, so etwa *Informatique sélection* – „Alles Neue über die Evolution der Geschäfte und die Entwicklung der Techniken in der Informatikindustrie" –, und bald weiß man Bescheid über die Interessenzentren der Leute vom Fach: Die Hauptsache dreht sich um Börsenkurse, um Fusionen von Gesellschaften, um die Kosten von Ausrüstungen und Programm„paketen". Aus einem einzigen Heft der übrigens sehr gut dokumentierten Zwölfseiten-Zeitschrift kann man herausgreifen:

– Hewlett-Packard & Co. offerieren das Time-sharing-System HP 2000 B zu Kosten, die weit unter denen der jetzigen Systeme liegen sollen (3000 Dollar/Monat im Leasing auf vier Jahre).
– Von Friden herausgebracht ... Justotext 70 (– 50000 F).
– Honeywell bringt demnächst auf den Markt ... Kosten: 415000 F.

– Software-Package ... Laurent de Vilmorin, P-DG ... 30% der Packages werden zu 1000 bis 5000 Dollar verkauft.
– André Vidal ... 50000 F (Nutzungsrechte) ...
– SCORE ... Verkaufspreis 52000 F.
– Die Fusion Comshare – Computer Complex wurde auf später verschoben ... Beim Time-sharing werden 35% der Ausgaben für das Marketing verwendet, 10% für Forschung und Entwicklung, 25% (mehr nicht) für die Ausrüstungen.

Das Beispiel der sozialistischen Länder

Beim französisch-sowjetischen Informatik-Kolloquium vom November 1969 versuchten gewisse Leute, die sowjetischen Informatiker in Verlegenheit zu bringen:

Wieviel Rechner gibt es in der UdSSR?

Zur Antwort muß man erst auf seine Uhr sehen, betrug doch die Zuwachsrate der Inbetriebnahme von Rechnern 1968 z. B. 177%, ist im Entwicklungsplan ein jährlicher Produktionszuwachs von 31% im Vergleich zu 1968 vorgesehen.

Außerdem ist das nicht das Hauptproblem, ist die gewaltige Entwicklung der Informatik in den sozialistischen Ländern kein Rennen um die Wurst. Man muß sehen, was sich in Wirklichkeit tut, und sich die Nutzung klarmachen, wie sie bereits erfolgt, wie sie nahe bevorsteht und wie sie vorbereitet wird, indem man beispielsweise vergleicht, in welchem Tempo hierzulande eine besonders komplizierte Software, die Reservierung von Flugzeugplätzen, auf die man nach fünf- bis sechsjährigen Studien allmählich hoffen kann, und drüben das Gesamtmodell der Planung und Leitung für 4500000 Studenten ausgearbeitet werden, das bereits auf der Ebene eines Standardinstituts mit 15000 Ingenieurschülern getestet wurde.

Der Wesenskern der sozialistischen Konzeption für die Anwendung von Elektronenrechnern in der ökonomisch-administrativen Planung und Leitung (die nächst der Produktion an zweiter Stelle der Vorrangliste steht) wird am besten faßbar, wenn man einen von all den Anwendungsfällen der Informatik in der UdSSR, die (bei planmäßigen Realisierungsfristen von drei, fünf oder zehn Jahren) die Gesamtheit der Aktivitäten des Landes erfassen, etwas genauer betrachtet.

Auf die wirklichen, konkreten Schwierigkeiten, die die sozialistischen Länder bei ihrer raschen Entwicklung vorfinden, wird dann anschließend eingegangen.

Nun also zu den WUS-Informatiksystemen im Hochschulwesen, die Prof. Mursow wie folgt analysiert:

– Das System wird als Standardsystem für alle Lehranstalten mit bis zu 15000 Studenten ausgearbeitet. Die Versuchsanstalt ist das Ordshonikidse-Institut.

– Eine erste Reihe von Teilsystemen ist realisiert: Aufstellung und Korrektur des Studienplans, der Stundenpläne; Berechnung der Studienergebnisse der Studenten und Kontrolle des Studienprozesses; Analyse der Erfüllung des Jahresplans der Lehrkräfte; Kontrolle des Fortschritts der Vorbereitungen auf die Lehrbefähigung; Lenkung der Forschungsarbeiten; Betriebsstatistiken, Optimierung der Hörsaalbelegung usw.

– Alle Teilsysteme stehen auf einer einheitlichen Informationsgrundlage in Zusammenhang und Wechselwirkung und sind vielfach offen für weitere Teilsysteme.

– Die 250000 Halbjahresnoten gehen seit Januar 1970 automatisch in die ständige Kontrolle des Kenntnisstands ein.

– Für die Verbindung zwischen dem System und den Benutzern werden weitgehend Fernschreiber, Leuchttableaus, Wegschreiber usw. sowie die klassische Markierungskarte verwendet.

– Für die 80% Stipendiaten berücksichtigt das System die Noten der Studenten sowie ihre materielle Lage.

– Zur nächsten Etappe gehören die vollständige Perspektivplanung der Schule, der Einsatzvorbereitung der abgehenden Fachleute, der Durchführung von Projekten und großen Arbeiten, der materiell-technischen Ausstattung und der Analyse der ökonomischen Aktivität der Schule.

– Man orientiert sich auf die automatische Organisation eines Studienmodus auf der Grundlage der Früherkennung neuer Tendenzen in der Produktion, neuer prognostischer Züge in der Wissenschafts- und Kulturentwicklung, um zum Zeitpunkt ihrer Entfaltung die genaueste Übereinstimmung zwischen Bedarf und Anzahl der ausgebildeten Fachleute zu erzielen.

– 250 „WUS-Systeme“ sind bereits in Betrieb.

– Die Verallgemeinerung im Hochschulwesen wird einen Ausgabenposten von 400 Millionen Rubel in einem Jahresbudget von 20 Milliarden bedeuten.

– Das allgemeine Ziel ist die Optimierung der Erziehungsmittel und die Bewertung der Qualität der Studentenausbildung, der Übergang zu modernen Methoden des Massenunterrichts, die Abschaffung der Examen durch die automatische Analyse der Kenntnisse und der Arbeiten der Studenten.

Eine derartige Analyse gibt zu denken.

Organisation und rasche Entwicklung der Kybernetik sind indessen nicht über alle Kritik erhaben. Die schematisch-ablehnende Auffassung von dieser Wissenschaft, die bis 1960 vorherrschte, hat zu einem technologischen Rückstand geführt, der noch nicht vollständig wettgemacht ist. Hinzu kamen objektive Schwierigkeiten: Die harmonische Entwicklung dieser Techniken in den meisten Republiken und die berechtigte Weigerung, einigen spezialisierten Zentren ein Monopol für Entwurf und Herstellung zu geben, haben bei diesem Volk, das heute übergenug Ingenieure und Techniker hat, zur Schaffung einer Plejade von Rechnermodellen geführt (mindestens 50, von ungleicher Bedeutung, in der Ukraine wie in Georgien, in Rußland wie in Bjelorußland, in Tbilissi wie in Nowosibirsk). Die Produktion wird nun im wesentlichen in zwei großen Produktionsvereinigungen in Leningrad und in Litauen zusammengefaßt, aber auf der Grundlage des Forschungsbemühens eines ganzen Volkes; selbst wenn dieser Aufschwung zeitweilig, um ein Modewort zu verwenden, „wild" vonstatten gegangen ist, war doch die Mühe nicht vergebens, denn sie gestattete das massive Bewußtwerden des Informatik-Phänomens und fördert heute die demokratische Nutzung der 8000 vom Sowjetland konzipierten Elektronenrechner.

In einer planmäßigen Wirtschaft, auf die Produktion orientiert, wird die Informatik ihr Bestes geben können, sobald die theoretischen und praktischen Schwierigkeiten bewältigt sind, die beispielsweise das Abfragen von 300 Milliarden Indikatoren (Volumen der statistischen Information innerhalb der Gesamtheit der Betriebe) und von weiteren 25 Milliarden Indikatoren (äußerer Fluß der zwischenbetrieblichen Informationen) in einem einheitlichen, verzweigten System aufwirft.

Die Ausarbeitung der Modelle und Synthesen ist bei weitem noch nicht beendet. Es handelt sich um ganz andere Dinge als bei der analytischen Buchführung der Stadt Limoges, aber die Evolution ist sehr rasch.

Und zugleich verwenden mehr als 1000 Industriebetriebe Elektronenrechner unmittelbar auf der Stufe der Produktion, sei es zu Konstruktions- oder Montageberechnungen, zur Programmierung von numerisch gesteuerten Werkzeugmaschinen, zur Regelung von Wärmeprozessen, für die Erkundung von Bodenschätzen, die Optimierung der energetischen Ressourcen oder für alle Seiten der Erdölproduktion und -verarbeitung besonders in der Republik Aserbaidshan, wo die Ausarbeitung des Automatisierungsplans bereits 1957 begann.

Das alles wird natürlich in der kapitalistischen Presse verschwiegen. Aber halten wir fest, was eine Fachzeitschrift abschließend zu diesem Thema bemerkte[89]:

„Vergessen wir nicht, daß sich die UdSSR gerade zu der Zeit, als man am wenigsten darauf gefaßt war und ihre Fähigkeiten bezweifelte, selbst die Atombombe geschaffen und ihren ersten Sputnik auf die Bahn gebracht hat."

Man muß tatsächlich auf „Überraschungen" von Seiten nicht nur der UdSSR, Volkschinas und der DDR, sondern der sozialistischen Länder im ganzen „gefaßt sein".

Kapitel V

Informatik und Demokratie

Zum Schluß dieses Essays über die philosophischen, ökonomischen und sozialen Aspekte des Informatik-Phänomens wird ersichtlich, daß der Leser womöglich trotz unseres Bemühens, vielfältige Bezugnahmen einzuarbeiten, die Komplexität der auf allen Ebenen auftretenden Probleme noch schematisch sehen kann. Nun ist gerade für den Arbeiterfunktionär, der sich mit der Aktivität seines Betriebes, mit dem Werden seines Berufes, mit diesem oder jenem sozialen, kulturellen, gewerkschaftlichen Aspekt seiner Massenorganisation auseinanderzusetzen hat, Schematismus etwas Unmögliches: Der Kollege liefe sonst Gefahr, an einen Kenner zu geraten, der sich nicht mit lapidaren Formeln zufriedengibt, er liefe sogar Gefahr, den Interessen der Werktätigen zuwiderzuhandeln, wenn er beispielsweise in einem Betriebskomitee das Stichwort für summarische Verweise auf ökonomische Allgemeinplätze oder unglückliche Erfahrungen anderer Betriebe gibt und damit scheinbar zum Kronzeugen einer anachronistischen Opposition gegen ein Mechanisierungsvorhaben oder für die Übervorsicht einer Direktion wird. Es ist von Interesse, eine – wenn auch allgemein gehaltene – Illustration dieser Komplexität durch ein Anwendungsbeispiel der Informatik in einem Sektor zu geben, der jeden einzelnen angeht, nämlich in der Krankenversicherung. In der Tat hat jeder Sektor des öffentlichen Lebens, jeder Wirtschaftszweig seine spezifischen Probleme auf dem Gebiet der Informatik. Man muß sie in ihrer Komplexität „auf der Betriebsebene" angehen, dabei aber einen möglichen Gesamtbezugsrahmen der Informatikprobleme „auf nationaler Ebene" im Auge behalten. In diesem Kapitel wird versucht, unsere Reflexion unter diesem doppelten Gesichtswinkel zu präzisieren.

Ein Beispiel: Das Gesundheitswesen mit Informatik-Tünche

In einem Kommentar zu Pierre Lhermittes Informatik-Wettsumme sprach ein Journalist des *Monde*[90] von den „bestürzenden Perspektiven" der Elektronenrechner. Auf dem Gebiet des Gesundheitswesens, das ein bevorzugtes Anwendungsfeld dieser Maschinen sein könnte, sind Ärzte und Kranke, Sozialversicherte und Angestellte der Sozialversicherung, Forscher und Informatiker heute mehr und mehr konfrontiert mit den „Schreckenskindern der Realität", wie es bei Prévert heißt.

Unter der Ägide der *I T C*[91] befassen sich kommunistische Mediziner und Informatiker planmäßig mit dem Studium der vielfältigen Facetten dieser Realität. In Forschung und Praxis wie in der Planung und Leitung des Gesundheitswesens bilden die Orientierungen der Macht der Monopole und ein komplexer, aber absichtsvoller ideologischer Druck der Bourgeoisie das Grundgefüge der Entwicklung der Medizin im kapitalistischen System. Diese Dominanten bilden den Ausgangspunkt der angestellten Analyse.

Beim Herangehen an diese Probleme ist es nicht uninteressant, zunächst zu untersuchen, welche administrative Infrastruktur sich die Staatsmacht in den Sozialversicherungskassen bei Gelegenheit der Automatisierung ihrer Arbeiten zu schaffen sucht, um noch stärker eine „Sozial"politik betreiben zu können, die im wesentlichen darauf abzielt, den Verbrauch im Gesundheitswesen zu senken, ohne die chemisch-pharmazeutischen Trusts zu schädigen, die Werktätigen mit den geringsten Kosten „zusammenzuflicken" und dazu die Lasten für die Unternehmer maximal zu begrenzen und im Vorübergehen die Sozialfonds gehörig zugunsten von Privatunternehmen zu schröpfen.

Besonders deutlich ersichtlich wurde die Strategie der Staatsmacht bei der Allgemeinen Ortskrankenkasse für die Region von Paris, die nach dem öffentlich bekundeten Wunsch der Regierung mit ihren 4500000 Versicherten als Versuchskasse dienen sollte.

„Wenn man wirklich in Not ist, hat man nicht genug Geld zum Bezahlen, selbst wenn man es in der nächsten Stunde zurückerhalten kann." So rechtfertigte Roger Allione vom Studienzentrum für Sozialversicherung in der Zeitschrift *0/1 Informatique* ein Mechanisierungsvorhaben, das die Abschaffung des Schalterdienstes oder wenigstens die Abschaffung der sofortigen Rückzahlung auf Arztschein bezweckte.

Diese Orientierung gibt der Vertrag (auf den wir noch eingehen werden), der unter dem Druck des Amts für Informatik zwischen der CII (staatlich subventionierter Privathersteller von Elektronenrechnern) und der Ortskrankenkasse geschlossen wurde: „. . . Abrechnungen, die angesichts der Komplexität der gesetzlichen Regelung oder von Rentabilitätserfordernissen nicht automatisch liquidiert werden, dürfen nur Ausnahmen sein." Darunter ist zu verstehen, daß die Zahlungen am Schalter – 30000 pro Tag – verschwinden sollen. Abgesehen von der unbestreitbaren Unannehmlichkeit für die besonders schlechtgestellten Familien, ist hier die ganze Konzeption der Beziehungen zwischen dem Versicherten und der Sozialversicherung in Frage gestellt: Der Versicherte soll sich abgewöhnen, zum Schalter zu gehen, wo er sich über seine Rechte informieren und seinen speziellen Fall in der sehr komplexen gesetzlichen Regelung klären kann. Man argumentiert zugleich, daß diese Regelung vereinfacht werden müßte. Wer wäre denn gegen eine derartige Maßnahme? Gewiß nicht der CNPF, der wohl weiß, daß eine von ihm kontrollierte Vereinfachung nur zur Beseitigung der zwar komplexen, aber realen Rechte der Werktätigen oder auch dazu führen würde, daß die beim versuchten Abbau der Krankenversicherung durchgedrückten Begrenzungen für Einzelkategorien verallgemeinert würden.

Gegen den Widerstand der CGT und in Abwesenheit der CGC faßte der Immobilienausschuß der Kasse einen entsprechenden Beschluß und äußerte dabei den frommen Wunsch, daß „die Möglichkeit der Zahlung auf Sicht aller Möglichkeit nach erhalten werden soll" (September 1969).

Kann man sich einen Bankier vorstellen, der seinen Kunden erklärt: „Wegen Mechanisierung werden Sie gebeten, künftig nicht mehr zum Schalter zu kommen; Sie erhalten schriftlich Bescheid"? Gewiß nicht! Die Bankschalter werden vermehrt, rücken immer näher zum Kunden, Elektronenrechner und Echtzeitbetrieb gestatten technische Großtaten zum besseren Dienst am Kunden: „Drive in"-Schalter für eilige Automobilisten, Plastplaketten zum „Tanken ohne Bargeldeinbuße". Der Kapitalismus ist natürlich mehr auf die Modernisierung seiner Handelsautomaten bedacht als auf die des Behandlungsapparats. Und doch steht heute nichts dem im Wege, daß jede Geschäftsstelle der Sozialversicherung einen „Endplatz“ (Bildschirm, Fernschreiber) und eine Verbindung zu einem regionalen Elektronenrechner hat, wo alle Informationen für die Beratung und die Berechnung jedes Sozialversicherungsfalls (Krankengeld, Familienbeihilfe oder Rente) gespeichert sind. Der Sachbearbeiter, der unmittelbar Aufschluß über die gesetzliche Regelung, über die Lage des Unternehmens und die des Lohnarbeiters im Unternehmen, und gegebenenfalls auch medizinische Fachberatung erhielte, könnte dem Versicherten die beste Auskunft über seine Rechte geben und die sofortige Zahlung veranlassen. Der Versicherte brauchte auch keine Lohnbescheinigungen, Arbeitsbescheinigungen, Schulbescheinigungen usw. mehr vorzulegen.

In Wirklichkeit ist nichts dergleichen vorgesehen, weder mittelfristig noch selbst in der dritten und letzten Phase des Automatisierungsvorhabens der „Beispiels“kasse. Als Beispiel werden dort höchstens unglaubliche Leichtfertigkeiten und Widersprüche geboten:

– Die im April 1968 bestellten Burroughs-Rechner wurden für die Bearbeitung der verschiedenen Zahlungen vorgesehen; noch nicht näher bestimmte Endplätze sollten nur das Befragen der Dateien gestatten, jedoch keine Dateneingabe und keine Berechnung für eine Zahlung. Der Großraumspeicher dieser Rechner, der Milliarden Zeichen aufnehmen könnte, würde eine sofortige Bearbeitung und eine sofortige Bedienung des Versicherten ermöglichen, ja des Leistungsempfängers überhaupt, sofern die Informatikmittel der verschiedenen Kassen vereint eingesetzt würden.

Immerhin ging die Mechanisierung der Arbeiten der Kasse mit begrenzten Zielstellungen unter besten technischen Bedingungen voran; Leiter und Techniker standen völlig auf der Höhe ihrer komplexen Aufgabe.

Aber zur selben Zeit wurde der Verwaltungsrat durch Druck der Regierung gezwungen, mit der CII einen Studienvertrag und einen Mietvertrag für Ausrüstungen zu schließen, worin vorgesehen war:

„Die auf Burroughs-3500-Anlagen ausgeführten Arbeiten auf französische Ausrüstungen zu verlagern, sobald die Möglichkeiten es erlauben ...

Die Beziehungen zwischen der Allgemeinen Ortskrankenkasse und der CII werden über bloße Kunden-Lieferanten-Beziehungen hinausgehen. Es wird sich eine echte Zusammenarbeit mit dem Ziel herausbilden, die gemeinsam durchgeführten Arbeiten sowohl der Sozialversicherung als auch der französischen Elektronikindustrie zum Vorteil gereichen zu lassen."

Wofür dann die Kleinigkeit von 3 Millionen NF in die Kassen der „französischen" Elektronikindustrie geleitet wird. Skandalös ist daran zweierlei:

– Zum einen kostet der Studienvertrag über 212 Analytikermonate 14000 F pro Mann und Monat; das heißt, daß in den Augen der Staatsmacht fünf Ingenieure der Sozialversicherung nicht soviel wert sind wie ein Ingenieur der CII, der nach Abschluß der Studien einen neuen Ehebund mit anderen Kassen eingehen und als Mitgift die auf Kosten der Versicherten gesammelten Erfahrungen mitbringen wird.

– Zum anderen sind diese Studien völlig sinnlos. Sie laufen nämlich im großen und ganzen darauf hinaus, bei einer Stichprobe von Versicherten die Simulierung einer Vollmechanisierung zu realisieren. „Sobald die Möglichkeiten es erlauben" bedeutet, wie die Informatiker wohl wissen, daß man mit dem 10070 der CII nicht weiterkommt, denn sein Speicher ist unzureichend; sie wissen auch, daß die technischen Schwierigkeiten des Problems bei der Beherrschung der Informationsmenge liegen, die in den Milliarden Zeichen der nötigen Großraumspeicher enthalten ist, und und daß gerade diese Probleme Studiengegenstand sein müßten.

Aber man brauchte eine Rechtfertigung für die Bestellung eines Rechners, der echt französisch . . . und „von den Niederlanden" ist. Zur Beruhigung sei gesagt, daß der 10070 von A bis Z in Lizenz hergestellt wird und daß die französische CII (1968, nach Zahlenangaben der USA-Botschaft in Paris) das Kunststück fertigbrachte, nur 2% des nationalen Markts, aber 9% der französischen Importe von Informatikmaterial aus den USA zu repräsentieren.

So standen die Dinge bezüglich Konzeption und Ausführung des Automatisierungsvorhabens der Allgemeinen Ortskrankenkasse, als die Generaldirektion am 23. Oktober 1970 beschloß, selbst einzugreifen.

Nicht um die Dinge in Ordnung zu bringen, das Vorhaben zu beschleunigen, die CII in die Schranken zu weisen und zu prüfen, inwiefern die jetzt geringer gewordenen Kosten der

Endplätze eine mehr auf verbesserten Dienst an den Versicherten zielende Mechanisierung motivieren könnten. Darum ging es nicht.

„Eine Arbeitsgruppe wurde beauftragt, Organisationsvorschläge auszuarbeiten, mit denen folgenden Zielstellungen entsprochen werden kann:

– Aufstellung eines individuell-durchschnittlichen Profils für die Praktiker, das es ihnen gestatten kann, den Stand ihrer persönlichen Aktivität besser zu bestimmen . . .

– Ermittlung der Häufigkeit der Überschreitung von Honorarsätzen nach Motiven."

Man wird nicht weismachen können, daß dieses System, das allein in der Region von Paris und für ein Jahr die hübsche Summe von vier Milliarden alten Franc kosten wird, um der schönen Augen der Ärzteschaft willen geschaffen wird.

Äußerst aufschlußreich ist die Prüfung der „Vergleichswerte" des „Arztprofils", das der Rechner kalkulieren soll:

- Prozentsatz der Konsultationen und der Hausbesuche;
- mittlerer Dokumentations-Koeffizient;
- mittlerer Betrag der verordneten Medikamente und Laboruntersuchungen;
- Mittelwert der verordneten Arbeitsbefreiungen.

Auch einige Zusatzklauseln zeigen deutlich die Ziele dieser supervorrangigen Mechanisierung: Dem Ministerium für soziale Angelegenheiten geht es darum, sich die administrative Infrastruktur zu schaffen, mit der es auf die ganze Ärzteschaft, auf diese oder jene Ärztekategorie, auf diesen oder jenen Arzt Druck ausüben kann mit dem Ziel, daß sie ihre Behandlung auf niedrigste Kosten ausrichten, wobei eventuelle Zwangsmaßnahmen dank dem Elektronenrechner auf der Stelle ergriffen werden können. Um mit *Le Monde* zu sprechen: Die Perspektiven sind bestürzend.

Es würde zuviel Platz kosten, hier einen zusammenhängenden Entwicklungsplan für die Sozialeinrichtungen darzustellen, der die unerhörten von der Informatik tatsächlich gebotenen Möglichkeiten berücksichtigt. Man möchte sich unbesorgt über die besten technischen Optionen zur Verwirklichung von Zielen streiten können, die ausschließlich im Sinne der Interessen der Versicherten vor, während und nach der Krankheit liegen. Man könnte dann abwägen, welche Mittel einzusetzen wären, um mit Maschinenhilfe folgendes zu studieren:

– *Vor der Krankheit* die Korrelation zwischen Krankheit oder Epidemie und Lebensbedingungen, die Vergleichswerte nicht mehr für den Anteil der Hausbesuche, der Arbeitsbefreiungen bei dem einen und bei dem anderen Arzt, sondern etwa für dieses oder jenes Unternehmen, und das in Hinblick auf die Ursachen von Arbeitsunfällen, dieser oder jener allgemein auftretenden Allergie, dieser oder jener Depressionsursache in Abhängigkeit von den Arbeitsbedingungen, um dann mit entschiedenen Zwangsmaßnahmen, mit der vollen Strenge des Gesetzes einzuschreiten und jeder gefahrvollen Praxis ein Ende zu bereiten. Aber das ist nur ein Beispiel aus dem immensen Feld, das die Informatik der vorbeugenden Medizin erschließt.
– *Während der Krankheit:* Hier sei nicht einmal auf die Anwendungsmöglichkeiten in der medizinischen Praxis eingegangen, die allein vom Standpunkt der Verwaltung aus ein weiteres ausgedehntes Forschungsgebiet der Informatik darstellt, sondern nur auf die verwirrende Fülle von Mitteln verwiesen, die von den pharmazeutischen Labors (doppelt soviel Rechner wie im ganzen öffentlichen Gesundheitswesen, Inter-Labo Informatik-Club unter Leitung eines Herstellers) allein zu dem Zweck gebraucht wird, den Arzneimittelverbrauch künstlich (und bewußt) zu steigern; Marketing und Öffentlichkeitsarbeit bei den Ärzten sind bis zur höchsten Raffinesse entwickelt. Dieselben Mittel würden, zur rationellen Optimierung nur der pharmazeutischen Versorgung genutzt, zehnmal soviel Effektivität stiften wie die elenden Polizeipraktiken, die die Regierung gegen die Ärzteschaft anwenden will.
– *Nach der Krankheit:* Hier ließe sich das Riesengebiet der sozialen Wiedereingliederung mit der mächtigen Hilfe des Elektronenrechners angehen, wobei er die Vielzahl von Informationen auswertet, die sämtliche Unternehmen – wie 1945 vorgesehen – zu liefern hätten.

Statt dessen wird man in ebendem Maße, wie die komplexen theoretischen Probleme (Thesaurus, Kodierung, Umfang und Aktualisierung der Karteien) einer zentralen Katalogisierung der Krankenpapiere offenbar der Lösung entgegensehen, dafür zu kämpfen haben, daß ihre Nutzung eingeschränkt wird; sonst könnten gewisse Personalchefs den Arbeitsmediziner allzusehr unter Druck setzen, um beste Gewähr dafür zu erhalten, daß die Kosten dieser Wiedereingliederung völlig auf andere abgewälzt werden.

So geht es in dieser kapitalistischen Welt, wo alles auf den Kopf gestellt ist, wo sich die gutwilligen Menschen bei jedem Sieg der Wissenschaft, bei jedem technischen Fortschritt vor allem zu fragen haben, wie dies nun wieder zugunsten schmutziger Interessen pervertiert werden könnte.

Für einen demokratischen Plan der Informatik

Wenn man eine Studie zu den Problemen der Informatik bebeginnt, wenn man sich mit diesen Fragen politisch auseinandersetzt, ist es nicht unnütz, sie richtig in Beziehung zu den Thesen des XIX. Parteitags der Französischen Kommunistischen Partei setzen zu können; darin werden viele Dinge in den richtigen Zusammenhang gestellt, so namentlich auch im Punkt 16:

„Es ist möglich und dringlich, für die Dauer und in wachsendem Maße bedeutende Ressourcen freizumachen, um eine kühne Sozialpolitik, eine gemäß den Interessen der Volksmassen und des Landes orientierte mächtige industrielle Entwicklung, eine gründliche Demokratisierung und Modernisierung der Volksbildung, eine den reichen Potenzen des Landes entsprechende Wissenschafts- und Kulturentwicklung zu finanzieren.

Die Realisierung dieser Zielstellungen verläuft über die Errichtung einer fortgeschrittenen Demokratie, die bedeutende Reformen auf politischem wie auf ökonomischem Gebiet durchführt, um in wachsendem Maße systematisch den Einfluß der Monopole auf die Nation einzuschränken und die echte Beteiligung der Bürger an der Bestimmung und Durchführung einer Politik des ökonomischen, sozialen und kulturellen Fortschritts zu sichern.

Der zunehmend gesellschaftliche Charakter der hochgradig konzentrierten Produktion, die bestimmende Rolle des Finanzkapitals, die Vereinigung der Macht der Monopole und der des Staates in einem einzigen Mechanismus verstärken die Notwendigkeit von Maßnahmen ökonomischer Demokratie, um die politische Demokratie real und dauerhaft zu machen.

Mit Hilfe der Werktätigen realisiert, sind die Nationalisierung und die (demokratische) Leitung der Schlüsselsektoren (der Wirtschaft) [NB: darunter auch der Informatik] und der

Großbanken die demokratische Lösung des Konzentrationsproblems in der Epoche der Bildung großer Produktionseinheiten. Mit einem demokratischen Plan für die ökonomische und soziale Entwicklung und einer demokratischen Steuerreform entspricht sie den Geboten einer modernen, effektiven Wirtschaftsorganisation, die die Nutzung der Ressourcen im nationalen Interesse, die ausgeglichene Entwicklung der Regionen sowie eine umfassende internationale Zusammenarbeit sichert."

Um zu dieser fortgeschrittenen Demokratie zu gelangen, ist es notwendig, „ein Bündnis der politischen und sozialen Kräfte (zu realisieren), die eine Erneuerungspolitik wollen, deshalb gemeinsam ein Programm gründlicher demokratischer Reformen im politischen und ökonomischen Bereich definieren und entschlossen sind, gemeinsam zu kämpfen, um diesem demokratischen Programm zum Sieg zu verhelfen und es danach morgen gemeinsam bei der Lenkung der Angelegenheiten des Landes anzuwenden" (Punkt 32).

Um diese Ideen insbesondere unter den Informatikern vorwärtszubringen, müssen der Informatik zusammenhängende technisch-ökonomische Perspektiven in einem demokratischen und weiter in einem sozialistischen Rahmen geboten und zugleich die Anarchie ihrer heutigen Entwicklung einer eingehenden Kritik unterzogen werden.

Auf den stärksten Widerstand stößt man mit dem Nationalisierungsgedanken. Die Propaganda der Informatikbarone, der Dünkel und der Paternalismus der IBM haben unleugbar so manchen ins Wanken gebracht, der im allgemeinen mehr für Logik empfänglich ist. Die IBM ängstigt, ihre Stärke scheint unvergleichlich, ein Rivalisieren sinnlos, mit einem Wort, der Koloß, Speerspitze des privaten Unternehmertums, sei nicht zu erschüttern. Wir haben schon etliche entmystifizierende Argumente gebracht. Betrachten wir die Dinge nun mehr im allgemeinen, ohne auf die untergeordneten Widersprüche einzugehen, die den Koloß plagen:

Die IBM hat keine Ausnahmestellung in jener kapitalistischen Gesellschaft, die Paul Favra in *Le Monde*[92] vor Fragen stellt:

„Die Ausgaben für bessere Ernährung, besseres Wohnen, bessere Gesundheit tragen, wie tagtäglich beim Vergleich der Effektivität der Arbeit in fortgeschrittenen und in Elendsländern ersichtlich, erheblich zur Steigerung des produktiven Vermögens der Bevölkerung bei . . .

Eine wirklich blühende Gesellschaft würde viel sparen, um in den nützlichen Sektoren zu investieren. Die sogenannte Konsumtionsgesellschaft macht das Gegenteil, sie ist in Wirklichkeit eine Gesellschaft unproduktiver Konsumtion. Sie muß ihr Kapital erschöpfen, weil sie einen zunehmenden Teil ihres Einkommens darauf verwendet, Güter und Dienstleistungen zu produzieren, deren Wert in dem Maße verlorengeht, wie sie konsumiert werden.

In dem Maße, wie die Technik sich vervollkommnet, mehren sich die Produktivkräfte, und man kann einen bedeutenderen Teil für die Produktion von Überflüssigem verwenden. Doch wenn man auf das Überflüssige verzichtete, könnte man weniger arbeiten. Seltsamerweise verlangt die Gesellschaft unproduktiver Konsumtion eine zunehmende Arbeit der Menschen: es wird immer schwieriger, das Kapital wiederherzustellen, und sie bringt unaufhörlich neue Produkte heraus, die einen mehr oder minder künstlichen Bedarf abdecken sollen."

Diese Analyse paßt völlig zu den Tendenzen der Informatikproduktion, die zu „künstlichen" Sortimentsveränderungen gezwungen ist (siehe die Serie IBM 370) und dabei im wesentlichen weiter nur einen unproduktiven Bedarf deckt, wie wir beim Problem des Gesundheitswesens gesehen haben.

Doch für alles kommt die Quittung: Man muß allmählich „von seinem Kapital zehren"; der 1970 in den USA verzeichnete zehnprozentige Rückgang des Rechnerabsatzes läßt sich nicht auf eine optimistische Formel à la „Ungunst der Lage" bringen, wenn es sich um eine Industrie handelt, deren Zuwachsrate zwei Jahre zuvor zu den besten Aushängeschildern des Kapitalismus gehörte.

Man vergißt zu sagen, daß sich die Gesamtzahl der Informatiker in Frankreich auf fast 50% des Gesamtpersonals der IBM beläuft. Halten wir die Beschäftigtenzahlen in Frankreich per 1. Januar 1970 genau fest: IBM 14105; BGE 10400; CII 4858; CDC 450. Insgesamt 30000 Personen bei den Herstellern, gegenüber 6000 bei den Service-Gesellschaften und 74000 bei den Benutzern; 110000 in Frankreich im Vergleich zu 240000 bei IBM.

Ausgezeichnete Wissenschaftsjournalisten, die den Eindruck der erdrückenden Überlegenheit der IBM haben, geraten ins Staunen, wenn man diese Zahlen vergleicht, die sie „gesondert" wohl kennen. Diesen Augenblick muß man wählen, um ihnen in Erinnerung zu rufen, daß der Gamma 60 zu seiner Zeit die leistungsfähigste elektronische Datenverarbeitungsanlage war, mit mehrjährigem Vorsprung vor den anderen Rechnern, und daß sein Hersteller Bull die französische Produktion auf den ersten Platz in der Welt brachte. Heute steht sie für 0,4%.

Was zählt, sind die 110000 Informatiker. Mit ihnen wird eine echte französische Informatikindustrie entstehen, die dem Volk dient und vom Volk her ihre Rechtfertigung und ihre Beständigkeit empfängt.

Vor vier Jahren schrieben wir mit J. M. Font, daß sich die Informatik die Wurst vom Brot esse. Heute kann man sagen, daß die ganze Informatik trocken Brot knabbert. In einem System, wo der Kugelschreiber in den Augen eines Ministers höher steht als der Elektronenrechner, hat der Ingenieur „nicht mehr viel zu melden". In der kapitalistischen Gesellschaft sind seine Zukunft, das Werden seines Berufes passé. Es ist nötig, ihm die Alternative und die Mittel zu ihrer Realisierung zu zeigen. Es ist schon jetzt nötig, ihn mitwirken zu lassen an der Ausarbeitung dessen, was morgen sein wird, durch die Kritik dessen, was heute nicht läuft.

Es handelt sich gewiß nicht darum, das Flußdiagramm, den organisatorischen Aufbau einer nationalisierten Rechnerindustrie und eines *Plan Calcul*, der seinen Namen verdient, zu definieren. Die Werktätigen werden zu gegebener Zeit die Grundlagen ihrer Produktionsbedingungen demokratisch zu schaffen wissen. Man kann jedoch schon jetzt ausgehend von Analysen der durch den Kapitalismus in unserem Land hervorgerufenen Lage Hypothesen darüber vorbringen, wie die immer stärkere Einflußnahme der Werktätigen auf die ökonomischen Prozesse einer Demokratie aussehen wird, die den Weg des Sozialismus erschließen wird.

Sie wird durch die *Nationalisierung* und die *demokratische Leitung* erfolgen.

Auf Grund der wahrhaft strategischen Rolle der hergestellten Ausrüstungen, auf Grund der Höhe ihrer Umsätze ist die Rechnerindustrie ein Schlüsselsektor der Wirtschaft. Nun wird der französische Markt zu fast 95% von den amerikanischen Herstellern beherrscht.

Wenn auch einige Werke und Forschungszentren dieser Firmen in Frankreich liegen, wie in Montpellier, La Gaude und demnächst in Bordeaux, sind doch alle Entscheidungszentren in den USA. Und ernstzunehmen ist die herausfordernde Äußerung eines führenden IBM-Vertreters: „Nationalisieren Sie die IBM! Sie werden nur die Wände nationalisieren."

Tatsächlich treffen die amerikanischen Monopole ihre Vorsichtsmaßnahmen; alle Werke haben ihr Doppel in mehreren Ländern, und meist ist jedes einzelne Werk nur Glied in einer Kette, die im Maßstab eines Landes wie Frankreich nicht als Ganzes wiederhergestellt werden kann. Die amerikanische Besitzergreifung in diesem Sektor ist für die französische Wirtschaft wie eine Droge, auf die sie immer schwerer verzichten könnte, und das „Stoßtruppunternehmen" des *Plan Calcul* ist kaum mehr als ein Betäubungsmittel, mit dem die französischen Monopole um die großen Mittel herumkommen konnten, die wiederum die amerikanischen Grandseigneurs stutzig gemacht hätten.

Man muß einsehen – was die französischen Monopole wegen der „Dynamik" der Suche nach sofort rentablen Kapitalanlagen nicht können oder wollen –, daß für den Start eines „Bereichs Rechnerbau und -vertrieb" solide Finanzpolster gebraucht werden, weil sich diese Bemühungen erst nach drei oder vier Jahren auszahlen.

Mit der CII, dem französischen Privatunternehmen, das nach der Verschleuderung von Bull an die Amerikaner gegründet wurde, haben die Monopole eine schöne Operation fertiggebracht: 650 Millionen Staatszuschüsse auf fünf Jahre erhalten, angefangen, Gewinne einzustreichen, dann ebensoviel für die kommenden fünf Jahre empfangen... und das alles nur, damit sie, wie der CII-Chef offen eingestanden hat, den französischen Behörden Rechner vermieten können, statt sie verkaufen zu müssen.

Die großen Banken und Finanzgruppen, wie die Suez und die Banque de Paris et des Pays-Bas, die den Rest an Französischem in der Elektronikindustrie kontrollieren, werden ebenfalls der Nationalisierung und der demokratischen Leitung anheimfallen. Da der Entwicklungsplan für die ökonomischen Kräfte des Landes der Elektronik eine erstrangige Rolle geben wird (wie in Ungarn, in der DDR, in der UdSSR), wird das enorme Potential, das die französischen Ingenieure, Techniker, Arbeiter der Rechnerindustrie repräsentieren, rasch das Ensemble der beträchtlichen Produktionsmittel, die auf unserem Boden vorhanden sind, zu integrieren und neue zu schaffen wissen, die einem anderen Gebrauch, einer anderen Verwendung der Kybernetik entsprechen. Denn man wird dann beginnen, sich um einer echten Steigerung der Produktivkraft der Werktätigen willen um Kybernetik und Mechanisierung der Arbeit zu bemühen, desgleichen auch, und zwar äußerst vordringlich, um ein Fernmeldenetz, das imstande ist, die verarbeitete und zu verarbeitende Information zu den *Time-sharing*-Zentren zu transportieren, denn augenscheinlich wird die Informatik gerade auf diesem Weg zeigen, was alles in ihr steckt, wird sie sich als die große Organisatorin der gesellschaftlichen Produktion erweisen.

Es ist bei weitem keine Geistreichelei, wenn gesagt wird, Aufbau des Sozialismus in Frankreich heiße Volksmacht, plus Informatisierung des Landes. Um dahin zu kommen, braucht es die gemeinsame Aktion der Massen, der Betriebs- und Fakultätskomitees, braucht es ein demokratisches Parlament, das die ersten ökonomischen Eroberungen als mächtigen Hebel nutzt – Eroberungen nach den Vorschlägen der Kommunisten, die ebensoweit entfernt sind vom verstaubten Technokratismus der „Radikalen“ oder der „Zentristen“, mit ihrem Festhalten am Mythos eines Rumpf-Europa unter der Fuchtel der Monopole, wie vom verbalen Linksradikalismus, der je nach Jahreszeit und Stärke des Bündnisses der Werktätigen sein Ergötzen findet an parzellenhafter Arbeiter-„macht“ oder -„kontrolle“ und damit weder das kapitalistische Eigentum noch den monopolhörigen Staat in Frage stellt.

Um keine Irrtümer aufkommen zu lassen: Wir wissen um unsere unmittelbar mit dem Produktions- und Forschungsprozeß in den Werkstätten, Konstruktionsbüros, Universitäten und Verwaltungen zusammenhängenden Verantwortlichkeiten; wir wissen, was produzieren heißt, und wir werden verstehen, die Produktion zu organisieren, die ökonomischen Kräfte unseres Landes zu wahren, gegebenenfalls etwa bei der Nationalisierung eines Teiles des Sektors „Massenbedarf“ der Elektroindustrie zu differenzieren. Die demokratische Ordnung wird sogar mit dieser Zierde des privaten Unternehmungsgeistes Verträge schließen.

Doch zugleich werden wir zu realisieren wissen:

- die Nationalisierung der Sektoren „Bauelemente“ und „kommerzielle Ausrüstungen“;
- die Koordinierung einer jetzt von den Geschäftsbanken beherrschten Industrie;
- die Entwicklung der theoretischen und praktischen Forschung;
- in enger Zusammenarbeit mit der Universität die Koordinierung der Software-Entwicklung;
- die allgemeine Anwendung der Informatik in der Produktion, unbesorgt anzustreben in einer Gesellschaft, wo die Arbeitslosigkeit nicht institutionalisiert wird, sondern tendenziell verschwindet;
- Aufbau und Nutzung eines ausgedehnten Fernsprech- und Fernverarbeitungsnetzes.

Die Diagnose ist beendet. In der Informatik versteht man darunter ein Programm zum Aufdecken und Eingrenzen von Fehlern in den Daten, im Programm oder in der Arbeitsweise der Schaltkreise der Maschine (Diagnoseprogramm).

Nun geht der Programmierer daran, die Fehler zu berichtigen. Er kann gewahr werden, daß die ganze innere Logik des Systems schief ist.

Das ganze Programm ist neu zu schreiben: Die Befehle für die Maschine müssen auf andere Art und Weise geordnet werden ...

Und es braucht mehr als einen Knopfdruck am Bedienungspult, um die Revolution zu vollziehen.

Anhänge

Dieses Buch, konzipiert und geschrieben für die Éditions Sociales, hat der Gemeinschaftsarbeit an früheren, bei Gallimard und Denoël erschienenen Schriften viel zu verdanken: Allen daran Beteiligten sei vom Verfasser brüderlich gedankt.

Sie können ermessen, wie sehr es ihn gefreut hat, ohne Einschränkung arbeiten zu können. Gemeint ist nicht eine Einschränkung wie bei Lenin, der unter Zensurbedingungen in *Materialismus und Empiriokritizismus* „Pfaffentum" durch „Fideismus" ersetzen mußte, sondern jene stillere Beschränkung des aktiven Kommunisten, der sich entschieden hat, zeitweilig und in gegebenem Zusammenhang nicht voll darzustellen, was er sagen möchte, sondern in allgemein eingängiger Sprache ohne Verleugnen seiner Prinzipien ein Maximum von „Nachrichten" an den Mann zu bringen.

Wenn der Verfasser hier nun von der „Agitation" zur „Propaganda", von der Propaganda zur grundsätzlichen Erklärung übergegangen ist, dann möchte er unterstreichen, welche Bedeutung für seine Reflexion die Studientage der FKP über die Probleme der Ingenieure, Techniker und Leitungskräfte (Pantin, Januar 1969), die Vorbereitung und die Debatten des XIX. Parteitags der FKP, die kollektive Reflexion im Redaktionskomitee der Zeitschrift *I T C* gehabt haben.

Die als Anhang beigefügte *Einführung in die Verwaltungsinformatik* wurde für einen Zyklus von Weiterbildungsvorträgen bei der Groupe Poissonnière verwendet, der die *l'Humanité* angehört. Der andere Anhang, *Informatik und Leitungskräfte*, ist von den Arbeiten Claudine Marencos inspiriert; er ist eine soziologische „Demonstration" der Mythenbildung der Bourgeoisie um Vorstellungen von technisch bedingten Strukturen. Dieser Text will ein wirksames Werkzeug für den ideologischen Kampf unter diesen „neuen Schichten" sein.

Einführung in die Verwaltungsinformation

Inhalt

Warnung

Diese kurze Einführung in die Informatik erhebt nicht den Anspruch, die vielfältigen Probleme umreißen zu wollen, die die Einführung eines Elektronenrechners in einem Unternehmen aufwirft. Sie wendet sich an Leitungskräfte oder Verwaltungsangestellte, die mehr oder minder enge Kontakte zu den Informatikabteilungen haben – meist kritische Kontakte mit etwas summarischen, nicht zu begründenden und daher nicht ankommenden Urteilen, die die Dinge kaum voranbringen:

– Wenn meine Faktura-Auszüge per Informatik acht Tage später kommen, finde ich ihre Nanosekunden nicht sehr eindrucksvoll.

– Wenn eine Statistik von Ihnen gleich in den Papierkorb wandert, dann ist das keine Statistik.

– Wenn wir wegen der Informatik Schalter schließen müssen, interessiert sie uns nicht.

– Die Informatik hat in diesem Jahr 1000000 F Kosten verursacht, und was kann man als Aktivposten buchen? Stört sie nicht das Gleichgewicht des Unternehmens?

Diesen Argumenten hat man – von der Bedienungskraft bis zum Leiter des Informatikzentrums – stets hochtechnisch klingende Reden entgegenzuhalten:

– Sie hatten einen Kartenklemmer ...
– Es werden unaufhörlich Datenbewegungen verlangt.
– Die 2314 ist gesättigt, und die Lieferfristen betragen 14 Monate.
– Es mußte in 1401-Simulierung gearbeitet werden, deswegen die hohen Kosten.
– Mit 128 K kann man keine Warteschlangen von mehr als 20 Rechnungen haben und die Saldi also nicht mehr in Echtzeit zum Schalter durchgeben, wenn der Kunde nicht 30 Minuten warten soll.

Die Beispiele für Verständigungsschwierigkeiten zwischen Leitungskraft und Informatiker, Ökonom und Operator, Buchhalter und Programmierer, Revisor und Leiter der Rechenanlage ließen sich ins Unendliche vermehren.

Man muß eine gemeinsame Sprache finden. Die Leitungskraft muß sie finden:

Fünf Jahre sind nötig, um einen guten Leiter heranzubilden, fünf Monate für einen Programmierer; man kann nur selten von einem Informatiker verlangen, daß er die Sorgen und Nöte des Ökonomen versteht. Von dem letzteren kann dagegen verlangt werden, daß er imstande ist zu beurteilen:

– Eine Einsatzstudie über die Zweckmäßigkeit der Mechanisierung;
– eine Maschinenkonfiguration;
– die Kosten einer Studie;
– Lasten und Fristen eines Anwendungsfalls, sein Interesse.

Diese kurze Einführung wird ihm das noch nicht erlauben, aber wir meinen, daß sie das Verdienst haben wird, seine späteren Studien und Reflexionen im Sinne des „gesunden Menschenverstands" zu orientieren, daß sie ihm erlauben wird, ohne Beunruhigung an die Informatik heranzugehen, all das Einfache zu sehen, das sich hinter esoterischem Anschein verbirgt, und vor allem zu sehen, wie sehr es für ein richtiges Herangehen an die Informatik auf Qualitäten und eine Erfahrung ankommt, die sich bei einem Handelsleiter ebenso finden wie bei einem Abteilungsleiter der Verwaltung, nämlich die des guten Wirtschafters.

1. Information, Informatik und Elektronenrechner

In diesem ersten Teil werden wir den Rechner auf seine wirklichen Dimensionen zurückführen – die Dimensionen einer besonderen, auch besonders effektiven Maschine zur Informationsverarbeitung.

Man muß sich jedoch gleich bewußt sein, daß der Rechner weder das Allheilmittel noch ein geheimnisvolles Gerät ist, das nicht unter die im Unternehmen allgemein geltenden Regeln und Normen z. B. für ein Investvorhaben oder für ein Betriebskonto fällt. Viele Unternehmenschefs haben sich lange durch den Mythos foppen lassen, den die Hersteller in starker Dosierung ausgestreut hatten – daß eine Maschine, die ihre hundert Monatsstunden lang störungsfrei arbeitet, plötzlich „überaltert" sein und in Generationskonflikt mit dem neuesten Sprößling der IBM oder der BGE geraten solle. Der mußte dann dort installiert werden, wo der Quadratmeter Geschäftsraum am teuersten ist; man akzeptierte seinetwegen unwahrscheinliche Etatüberschreitungen, man übersah die Leistungsangaben der Hersteller, die Maschine konnte und sollte alles machen, alles auf einen Schlag, Ablöser sein für Bleistift, Schreibmaschine, Addiermaschine, Registrierkasse, Buchungsmaschine, Fakturiermaschine, Telefon, Telex, Adressiermaschine und Vervielfältiger.

Kurz, heute sollen nach dem McKinsey-Bericht (1969) von den 100000 in aller Welt installierten Rechnern ganze 40% rentabel sein. Bei der EDF betrug die Produktivitätssteigerung durch die Informatik in acht Jahren ein Prozent, unendlich wenig im Vergleich zu den Investitionen, die sie erfordert hat.

Wir werden diesen Aspekt der Dinge später behandeln; er war aber anzusprechen, ehe versucht wird, die Stellung der Informatik in der administrativen Informationsverarbeitung zu bestimmen. Das soll anhand eines allgemein wohlbekannten Beispiels geschehen, einer Abhebung an einem Bankschalter.

Informationsverarbeitung ohne Informatik

Wenn auf alle mechanischen Hilfsmittel – und jede kritische Reflexion – verzichtet werden soll, verläuft die Schalteroperation nach folgenden Verfahren:

– Der Kunde erscheint mit seinem Scheck am Schalter.

– Der Schalterbeamte prüft Datum und Betrag, gibt dem Kunden eine Rufnummer und gibt den Scheck zur Unterschriftskontrolle.

– Der Kontrolleur prüft die Unterschrift und gibt den Scheck zur „Position“ (bzw. zur Abteilung Kundenkonten).

– Die „Position“ prüft die Kontenstellung, visiert den Scheck und gibt ihn zum Kassierer, nachdem der Betrag der Abhebung auf der Kontenkarte vermerkt ist.

– Der Kassierer ruft den Kunden auf, zahlt aus und macht den Eintrag in die Kladde.

Am Ende des Tages

– prüft der Kassierer seine Kasse, macht seine Aufrechnung usw. und gibt den Scheck zur Kundenabteilung;

– überträgt die Kundenabteilung den Eintrag auf die Kontenkarte des Kunden und stimmt sich mit dem Kassierer ab.

Am Ende des Monats

– stellt die Kundenabteilung einen Auszug für den Kunden zusammen.

Am Ende des Abrechnungszeitraumes

– stellt die Kundenabteilung Tabellen auf und ermittelt die Agios für den Rechnungsabschluß.

Das alles ist schwerfällig und altertümlich, aber es ist Informationsverarbeitung.

Die Informatik
– unternimmt eine wissenschaftlich-kritische Prüfung des Kreislaufs der Information bei dieser Operation, wägt Risiko und Kosten für diese oder jene Kontrolle ab, schlägt eine Vereinfachung der Funktionen der Angestellten vor, ermißt die Wirkung der Wartezeit am Schalter auf die Kundschaft, empfiehlt adaptierte Zeitpläne usw.;
– offeriert geeignete Ausrüstungen zur Verbesserung des Informationskreislaufs: Registrierkasse, traditionelle Lochkartentechnik, Posttronics und andere Abrechnungsautomaten;
– kann auch die Dienstleistungen eines Elektronenrechners empfehlen ... und zwar nebenbei, wenn die Rentabilität bei dieser Operation unbestreitbar ist (zur Zeit nicht der Fall bei einem Drittel aller Bankbuchungen in den USA, wo vorzugsweise Posttronic-Maschinen genutzt werden).

Wie ist der Vorgang der Operation dann zu beschreiben?
– Der Kunde kommt mit seinem Scheck zur Zahlschalterkraft.
– Die Zahlschalterkraft bucht an der Registrierkasse und zahlt aus an den Kunden (unmittelbar, wenn der Betrag kleiner ist als 1000 F).

Am Ende des Tages
– wird die Buchung von einer Saldiermaschine auf den Kundenbeleg (Auszug + Kontenkarte) übertragen;
– wird beispielsweise der Tagesauszug an den Kunden geschickt.

Am Ende des Abrechnungszeitraums
– werden sämtliche Kundenbuchungen für den Rechnungsabschluß zusammengefaßt; Tabellenaufstellung und Agioberechnung erfolgen von Hand, mit Lochkartenmaschinen oder eben ... per Elektronenrechner.

Man wird merken, daß außer im Fall der Agioberechnung, die wegen des (z. B. in den USA nicht vorhandenen) Wertstellungssystems komplex wird, bei dem eben beschriebenen System noch nicht zu sehen ist, welche Rolle ein nicht in Echtzeit arbeitender Elektronenrechner haben könnte:
– Die Zahlschalterkraft ist unentbehrlich: Sie zählt die Geldscheine ab, die sie dem Kunden auszuhändigen hat, sie sichert den Kontakt zwischen der Bank und ihrer Kundschaft.

– Da sie eine Kassenverantwortlichkeit hat, ist sie für ihre Tagesabrechnung rechenschaftspflichtig, sie muß also ihre Einträge in dem Maß, wie sie auftreten, registrieren und summieren.
– Man kann gelten lassen, daß dieser „Buchungsvorgang“ das einzig Obligatorische an dem ganzen Kreislauf ist und daß die Maschine am Schalter Lochstreifen ausgibt, womit unmittelbar übergegangen werden kann zu den Abläufen beim . . .

Elektronenrechner ohne Magnetplatten

In diesem zweiten Teil wird die Bedeutung der Wahl zwischen Magnetband und Magnetplatte als Zusatzspeicher eines Elektronenrechners, zwischen sequentiellen und wahlfreiem Zugriff besser ersichtlich werden. Sagen wir der Einfachheit halber, daß bei wahlfreiem Zugriff (Platten als Informationsträger) ein Konto, ein Wort in einer mehr oder minder umfangreichen Datei „in Sekundenbruchteilen“ aufzufinden ist, bei sequentiellem Zugriff dagegen „in Stundenbruchteilen“.

Diese Langsamkeit ist nicht immer nachteilig, und da ihr Gegenstück die geringeren Kosten sind, muß man bei der Wahl der Speicherkonfiguration wissen, was man will und was man dafür zu bezahlen gedenkt.

Nehmen wir, um genauere Vorstellungen zu bekommen, zwei ganz verschiedene Banken als theoretische Beispiele:
– Zum einen eine Geschäftsbank mit 2000 Kontokorrentkonten und 10000 Buchungsvorgängen pro Tag, die 1000 Konten bewegen. Für dieses Bewegungsprofil kann das eben beschriebene Schema verwendet werden:

Zahlschalterkraft, die alle Buchungsvorgänge registriert,

Registrierkasse mit Lochstreifenausgabe,

Elektronenrechner, der jeden Tag die gesamte Datei durcharbeitet, um die Eintragungen für die bewegten Konten auf den Laufenden zu bringen.

Bei dieser Gelegenheit werden eine Aufstellung der neuen Saldi, womöglich auch eine Schwarze Liste für die Schalterkraft, und die Tagesauszüge für die Kunden herausgegeben, wird das „Schachbrett“, anhand dessen dann die Abschlußrechnungen aufgestellt werden, auf den Laufenden gebracht: diese Arbeit wird von einem Tag zum anderen durchgeführt, so daß man „dranbleibt“ und nicht am Ende des Abrechnungszeitraums durch 600000 Buchungsvorgänge ein Spitzenphänomen am Rechner hervorruft.

– Zum anderen sei eine Depositenbank mit 30000 Scheckkonten und 10000 Buchungen pro Tag auf 3000 Konten gegeben, ohne Kreditorenzins, ohne Debetsaldi, also auch ohne Agios.

Der Vorgang ist wie folgt:

Die Zahlschalterkraft registriert die Einträge auf der Kassenmaschine;

der Rechnungsführer bringt die Kontenkarten der Kunden in dem Maß, wie die Eintragungen anfallen, auf den Laufenden.

Mit „Post-tronic"-Saldierautomaten kann er diese Operation besonders schnell ausführen, weil Kontonummer und alter Saldo automatisch vorgetragen werden und er nur den Betrag einzugeben hat.

Der Auszug kann durch das Doppel des Saldoblatts in der gewünschten Periodizität geliefert werden.

Die Buchungsmaschine kann mit einem Lochbandstanzer ausgestattet sein. Die Lochbänder können nachträglich am Rechner zu Kontrolloperationen oder zur Aufstellung von Sammelbuchungen für die allgemeine oder überbetriebliche Buchführung genutzt werden, aber das ist eine ziemlich dürftige Nutzung des Rechners, dessen Anschaffung durch ein erheblicheres Arbeitsvolumen gerechtfertigt sein muß.

Man sieht hier deutlich, daß die Einführung des Rechners in die Banktechniken mit einer Rechnertechnologie der zweiten Generation, noch ohne Anwendungsmöglichkeit von Magnetplatten und Echtzeit-Verbindungen, nicht unbedingt einen Fortschritt darstellte, geschweige denn eine Revolution.

Was für das – nur beispielshalber herausgegriffene – Bankwesen zutrifft, ist selbstverständlich auch für viele Sektoren der Wirtschaftstätigkeit zutreffend. Es trifft auch zu, daß die vermehrten Möglichkeiten der Endplatznutzung und die eindrucksvolle Senkung des Preis-Leistungs-Verhältnisses diese noch aktuellen Vorbehalte hinfällig machen werden.

Magnetplatten ohne Echtzeitbetrieb

Das Beispiel der Kundenoperationen einer Bank kann auch sehr gut den entscheidenden Beitrag veranschaulichen, den die Magnetplatte bei zahlreichen Automatisierungsvorhaben in der Informationsverarbeitung gegenüber den anderen Zusatzspeichern des Rechners (Lochkarten oder Magnetbändern) bringt.

Wenn ein Magnetband mit den Buchungen des Monats für 10000 Konten um eine einzige Buchung aktualisiert werden soll, muß die ganze Datei gelesen und auf ein zweites Magnetband übertragen werden. In diesem Grenzfall läßt man also den Rechner wegen 10^{-2} Sekunden „produktiver“ Arbeit mehr als 30 Minuten laufen, und dabei kann man noch nicht alles machen, zum Beispiel nicht in einem Arbeitsgang (in einem Maschinendurchgang) den Eintrag zugleich „buchmäßig“ und nach Wertstellung klassifizieren; dazu müßte, wie wir gesehen haben, das Ensemble der chronologisch geordneten Saldi und Buchungen in einem womöglich mehrstündigen Sortiervorgang umgekrempelt werden, denn die Buchungen müssen mehrmals gelesen werden, um sie stufenweise nach Wertstellung zu klassifizieren – das Beispiel gilt ebenso für Eintragungen in der allgemeinen, der Betriebs- und der Kundenbuchführung, für Termine, Kontonummern, für die Klassifizierung nach dem Alphabet, nach dem Ortsschlüssel, nach dem Versandschlüssel, nach Artikeln, Abteilungen usw.

Bei Magnetplatten läßt sich dagegen nach einem Schlüssel genau die Adresse berechnen, die direkt anzusteuern ist, um die Aufzeichnung für das betreffende Konto zu finden; die ganze Operation erfordert kaum mehr als 40 bis 100 Millisekunden. Auf Grund der Wertstellung läßt sich die neue Eintragung außerdem auf dieselbe Art an die richtige Stelle im „Schachbrett“ oder in den Tabellen setzen.

Eine gute „Organisation“ der Magnetplatten-Datei erlaubt Klassifizierungen, die dem spezifischen Bedarf dieses oder jenes Anwendungsfalls entsprechen – nach speziellen Kunden, nach der Frequenz der Auszüge –, was bei der einen Identifizierungsschlüssel für die Klassifizierung auf Magnetbändern nicht immer zu berücksichtigen ist.

Wir haben nicht mehr vom Schalterdienst und seiner Zahlschalterkraft gesprochen, denn sie hat mit dieser neuen Technik nichts zu schaffen – wenn man sich nicht vorstellen will, daß sie Telefonverbindung zum Rechenzentrum hat und bei jedem eintreffenden Kunden bittet, die laufende Arbeit des Rechners zu unterbrechen, um auf der Magnetplatte nachzuprüfen, ob das Konto Deckung aufweist. Das ist nicht gerade das richtige Mensch-Maschine-Gespräch.

Der Kunde erscheint am Schalter mit seinem Scheck und mit vielen Fragen. Er möchte wissen:

Seinen buchmäßigen Saldo und seinen Saldo nach Wertstellung;
die Agios für diesen Tag und den Fall, daß er sein Konto ausgleicht;
ob die Bank den Betrag seiner Scheckeinlieferung vom Vortag eingezogen hat;
unter welchem Datum seine Telefongebühren überwiesen wurden;
wieviel Raten er noch für seinen Wagen zu zahlen hat.

– Die Schalterkraft gibt die Kontonummer des Kunden und den Betrag der Abhebung ein.
– Auf dem Bildschirm vor dem Kunden erscheinen:
Alte und neue Saldi, buchmäßig und nach Wertstellung;
die 30 oder 50 letzten Buchungen seines Kontos;
die Ausgleichsbeträge für seine beiden Saldi.
– Auf einem Bildschirm vor der Schalterkraft erscheinen:
Dieselben Informationen;
das Faksimile der Unterschrift des Kunden;
die Überziehungsbedingungen.
– Der Scheck erhält automatisch die Bürgschaft des Rechners durch einen von diesem ausgelösten Stempel; sollte die Auszahlung problematisch sein, erhält dagegen die Schalterkraft genaue Instruktionen.
– Die Zusatzinformationen, die der Kunde in seinem Bildschirm-Kontenauszug nicht findet, kann ihm dann die Schalterkraft nach weiterem Fragen geben:
Buchungen vom ... bzw. ab ...
Überweisung ...
Raten ...

Die Gesamtoperation hat den Rechner dann 10^{-2} Sekunden lang beansprucht; für das Aufrechterhalten der Bildschirmanzeige verwendet er nur einen winzigen Teil des Speichers.

Es handelt sich hier nicht um eine utopische Vision; allein auf dem Gebiet, das uns während dieser ganzen ersten Bekanntschaft mit der Informatik als Beispiel gedient hat, gehen die Dinge schon weiter, Auto-Schalter und Plaketten-Konten sind schon eine Realität, bald wird die menschliche Stimme vom

Rechner erkannt, identifiziert werden (mit größerer Genauigkeit als die Unterschrift und sogar weit sicherer als die Fingerabdrücke), wahrscheinlich wird man außerdem in dieser nicht allzu fernen Zeit nicht mehr zur Bank zu gehen brauchen, wird die Plakette zum Bezahlen aller Einkäufe allgemein üblich sein.

Von der Analyse der Handlungen des goldbetreßten Kassierers bis zur Analyse der Stimme oder der Plakette eines jeden Käufers hat die Informatik dann Stufe für Stufe ihre Mission erfüllt – die Vereinfachung und maximale Abschaffung von menschlichen Eingriffen in den Kreislauf der Informationen.

2. *Schlüssel zum Verständnis der Arbeitsweise eines Elektronenrechners*

Vorbemerkung

Ein Operator oder ein Programmierer weiß selten, was ein Festkörperschaltkreis, was ein Ferritkern ist, wie die Hämmer eines Druckwerks arbeiten; sie dürfen nicht einmal die Haube öffnen, das ist vom Hersteller etwa so verboten wie bei einem Rolls Royce, und vor allem würde es ihnen nichts nutzen.

Man sieht fern, ohne das Prinzip des Fernsehens zu kennen; die Fahrtreppe setzt sich von allein in Gang, ohne daß man Angst empfindet. Fotozelle und Elektronenstrahler gehören zu unserem Leben, wie Kern und Festkörperschaltkreis zum Leben des Programmierers gehören, und er weiß, welche Mühen nötig waren, um die Maschine intelligent zu machen. Da nicht jedermann acht Stunden am Tag die klimatisierte Luft eines Rechnersaals um die Nase hat, gilt es diesem Nachteil durch Erklärungen abzuhelfen, die aber letzten Endes nicht bestimmend sind dafür, daß man weiß, was man von einem Elektronenrechner erwarten kann.

Hier seien selbst zweifelhafte Analogien verwendet, um zu zeigen, wie dies alles etwa laufen könnte, auch wenn es nicht genau so läuft, denn die Hauptsache ist, sich zu überzeugen, daß es läuft und daß nichts daran ein Mysterium ist.

Zum Speicher: Wenn man gegen 20 Uhr feststellt, daß alle Fenster eines Wohnviertels dunkel sind, kann man sagen, daß sie eine Nachricht enthalten: „Es ist kein Strom da." Wenn einige Fenster leuchten, kann man sagen, daß sie eine einfache Nachricht speichern: „Es ist jemand da."

Hat eine Hauswartsfrau zuvor mit ihren Mietern vereinbart, wenn bei ihr alles bis auf eine Kontrollampe dunkel sei, bedeute das, daß sie auf dem Hof ist, dann kommt man schon auf die Stufe der nach einem vorher aufgestellten Schlüssel gespeicherten Nachricht.

Man kann sich vorstellen, was ein Programmierer alles mit einem Speicher anfangen kann, der quasi aus Zehntausenden leuchtenden oder dunklen Lämpchen besteht, wobei das Ganze auf logischen Schaltkreisen und einem so einfachen wie mächtigen Kode fußt, der nur die beiden Zeichen 0 und L kennt.

Zur Logik: Man versteht sehr gut, daß eine Lampe hell oder dunkel sein kann und mit ihrem Schalter einen „logischen Schaltkreis" bildet. Schon schwerer verständlich sind die Wechselschaltungen, wo dieselbe Lampe zwei Schalter hat, oben und unten an der Treppe, aber man versteht sie schließlich zu benutzen. Man läßt gelten, daß wegen „+ und + gibt +" analog „L und L gibt L" richtig wäre. Man läßt auch gelten, daß konventionsgemäß „6 + 4 = 10" gilt, aber nicht mehr, daß konstruktionsgemäß „L + L = 0 Übertrag L" gelten soll.

Konstruktionsgemäß ... hier wäre die Arbeitsweise von Transistoren zu erläutern, wären Schaltbilder zu zeichnen, die so komplex sind wie der Netzplan ... der „Métro" von Paris. Das ist zu kompliziert; wir werden, damit alles wasserklar wird, eine hydraulische Analogie wählen:

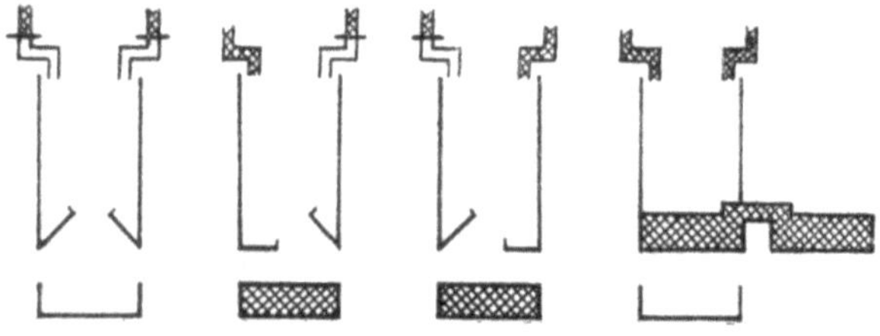

0 + 0 = 0   L + 0 = L   0 + L = L   L + L = 0 Übertrag L

Wenn man wirklich überhaupt nicht für symbolische Darstellungen zugänglich ist, kann man über folgendes nachdenken:

Wie kann man seine Richtung an einer Weggabelung wählen, wenn man eine Person fragen muß, von der man weiß, daß sie entweder immer lügt oder immer die Wahrheit sagt? Man müßte ihr natürlich folgende Frage stellen: „Was hätten Sie geantwortet, wenn ich Sie gestern gefragt hätte, welches der richtige Weg ist?"

Nun wieder zum Speicher:

Wir können jetzt die „rechteckige Hysteresisschleife" „behandeln". Der gelehrte Ausdruck steht für die Eigenschaft eines Magneten, den man zum Ring geschlossen und gleichsam zum Auffinden der Quadratur des Zirkels verurteilt hat – seine Magnetisierung „dreht" von Nord nach Süd, und wo ist Nord, wo Süd? Sein Starter ist ein elektrischer Strom: Wenn man einen Strom in der einen Richtung hindurchlaufen läßt, wird die Magnetisierung in der einen Richtung umlaufen und sie beibehalten, wenn der Strom längst nicht mehr fließt. Damit der ringförmige „Kern" seine Magnetisierungsrichtung wechselt, muß der Draht, der ihn durchquert, Strom in der anderen Richtung transportieren.

Präzisieren wir, daß der Kern wie eine ganz kleine Perle aussieht und daß man sagen wird, 0 sei durch die eine Magnetisierungsrichtung angegeben, L durch die andere. Da alles wechselseitig zusammenhängt, muß man wissen, daß die Perle beim „Kippen" ihres Orientierungssinns einen Strom in einem zweiten Draht hervorruft, der hier "Lesedraht" genannt sei, um komplexe und nicht weiter wesentliche Erläuterungen zu vermeiden. In Wirklichkeit wird der Strom durch zwei Leiter transportiert, die je den halben Strom führen. Weshalb, ist begreiflich:

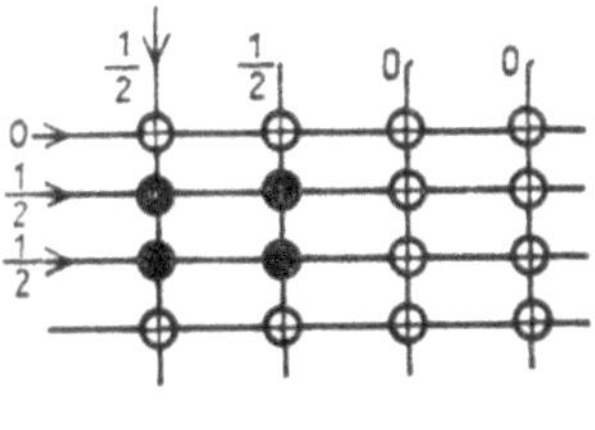

Nur die Kerne, die von zwei stromführenden Drähten durchquert werden, wechseln den Orientierungssinn.

Und wieder zum Binärsystem:

Man hat begriffen, wieviel an einem alphanumerischen System gelegen sein muß, in dem es nur noch die zwei Zeichen 0 und L anstelle von 10 numerischen Zeichen, 26 alphabetischen Zeichen und einigen Sonderzeichen gibt.

Aber das alles ist nur für den Rechner wichtig. Er liest das Dezimalsystem und das Alphabet oder zumindest Karten, die ihre Lochung auf einer Maschine mit einer Schreibmaschinen-Tastatur erhalten haben; er schreibt auch mit den traditionellen Buchstaben, nachdem er die nötigen Konvertierungen vorgenommen hat. Aber alle Rechnungen, alle Informationsübertragungen von einem Speicherplatz zum anderen werden nach dem binären Kode vorgenommen – aus dem Grund, den wir angegeben haben, und weil die Operationstabellen nicht einfacher sein können.

Zwei Zeichen sind nicht viel, zehn aber auch nicht, wenn man alle Proportionen wahrt.

Zählt man von 0 bis 9, so ist man bei 9 in derselben Situation, wie wenn man von 0 bis L zählt und bei L ankommt. Ist man bei 9 angelangt, so muß man eben zwei Ziffern benutzen, um 9 + 1 darzustellen; man schreibt „willkürlich" 10 und rechtfertigt es im Nachhinein, indem man sagt, es seien 1 Zehner und 0 Einer.

Im Binärsystem schreibt man auf dieselbe Art L0, und man könnte sagen, L0 heiße L Zweier, 0 Einer. Man versteht nun die nachstehende Konvertierungstabelle:

0	0	0000 0000
1	L	0000 000L
2	L0	0000 00L0
3	LL	0000 00LL
4	L00	0000 0L00
5	L0L	0000 0L0L
6	LL0	0000 0LL0
7	LLL	0000 0LLL
8	L000	0000 L000
9	L00L	0000 L00L
10	L0L0	000L 0000

11	LOLL	000L 000L
12	LL00	000L 00L0
13	LL0L	000L 00LL
14	LLL0	000L 0L00
15	LLLL	000L 0L0L
16	L0000	000L 0LL0

Die letzte Spalte ist eine Darstellung des binärverschlüsselten Dezimalsystems, worin jede Dezimalziffer in vier Binärziffern umgewandelt wird; das ist für den Rechner nicht sehr ökonomisch, aber sagen wir, daß es einen annehmbaren Kompromiß zwischen den beiden Darstellungssystemen bildet.

Wenn noch gesagt wird, daß jedes alphabetische Zeichen durch 6 Binärzeichen dargestellt werden kann, ist alles gesagt. Beispiel: A = 0L0000; B = 0L000L; C = L00LLL.

Mit einer Oktade (8 binäre Zeichen) lassen sich zwei numerische oder ein alphabetisches Zeichen erfassen.

Man hat verstanden, daß sich ein Rechner aus einem Speicher zum Aufzeichnen der Informationen sowie aus logischen Schaltkreisen und Rechenelementen zusammensetzt, mit denen die Informationen zusammengefaßt, in Rechnungen einbezogen werden können. Diese Informationen sind im groben und ganzen von dreierlei Art:

- Die gerade verarbeitete Information;
- das gerade laufende Programm;
- permanente Informationen, die bei beliebigen Programmen auf Verlangen des Programmierers für Betriebsanweisungen an die verschiedenen Einheiten verwendet werden können.

Man wird sehen, daß der Speicher, das „Gedächtnis“ dieser Zentraleinheit des Rechners, in Wirklichkeit begrenzte Ausmaße hat – zwischen 4000 und 1 Million Zeichen. Das Gesamt„gedächtnis“ einer Bank faßt mehr als tausendmal soviel wie das des größten Rechners.

Zum anderen macht die Zentraleinheit, das bestimmende Element, nicht alles. Sie kann nicht die Karten lesen und nicht drucken. Diese Arbeiten übernehmen Zusatzeinheiten, die sogenannten Peripheriegeräte.

Die Zusatzspeicher – Wir hatten gesehen, daß sich während einer bestimmten Arbeit, wie der Herausgabe der Kontoauszüge für die Kunden mit Aktualisierung der Konten durch die Buchungsposten vom Tage, im Hauptspeicher außer dem Programm nur die augenblickliche Verarbeitungsinformation (die Rechnung, der Satz bzw., je nach Speichergröße, 4 oder 5 zum Block zusammengefaßte Sätze) befand.

In Wirklichkeit befinden sich mehrere Rechnungen zugleich im Speicher:
– Die Rechnung, die gerade ausgedruckt wird,
– die Rechnung, die gerade ausgeführt wird,
– die Rechnung, die gerade hereingenommen wird,

und zwar eben aus den Zusatzspeichern, Magnetbändern oder -platten mit der gesamten Kontendatei (alte Saldi und Buchungen) und der nach Konten geordneten Datei der Buchungsposten vom Tage.

Ein anderes Band oder „disk-pack" nimmt dann die auf den Laufenden gebrachte Datei für späteren Gebrauch auf.

Sobald die Arbeit beendet ist, werden Bänder oder Platten aus den Eingabegeräten der „Peripherie" herausgenommen und in einer Bibliothek aufbewahrt, deren Betrieb sehr genau überwacht werden muß. Jedes Band enthält an seiner ersten Lesestelle Kontrollinformationen – Schlüssel, Rückhaltestreifen –, um vorzeitiges Löschen von Information zu verhindern. Das Magnetband hat dieselben Eigenschaften wie ein Tonband, es ist nur doppelt so breit, aber soweit sich etwas in elektrische Impulse umwandeln läßt, kann es dies für Wiedergabezwecke aufnehmen – digitale Zeichen ebenso wie die menschliche Stimme oder eine Melodie.

Und wenn manchmal gebrauchte Bänder aus den Bibliotheken verschwinden, dann steckt oft dahinter, daß sich ein unverfrorener Operator eine Vorrichtung gebaut hat, mit der er die Magnetbänder so in der Mitte auftrennt, daß sie für sein Tonbandgerät passen. Sie sind von hervorragender Qualität.

Der Lochkartenleser ist das bekannteste und meistverwendete Eingabegerät. Er gestattet das Lesen der 80- oder 96spaltigen Lochkarte, auf der jede Spalte durch die Anordnung der kleinen Löcher ein alphabetisches oder ein numerisches Zeichen „speichert".

Der Leser enthält
- ein Magazin, in das die Karten eingelegt werden,
- eine Laufbahn mit Lesebürsten,
- elektronische Schaltkreise zur Übertragung der gelesenen Informationen an die Zentraleinheit oder an die Magnetbänder (über die Zentraleinheit),
- Aufnahmefächer für die gelesenen Karten.

Der Lochkartenstanzer gestattet umgekehrt, die Karten vom Speicherinhalt ausgehend zu lochen.

Der Lochbandleser wird vor allem dann verwendet, wenn die Einträge schon auf einer Buchungs- oder Schaltermaschine mit Lochbandstanzer registriert wurden, wobei die während des Tages durchgelaufenen Informationen – ausgewählt oder nicht – auf einem Papierband aufgezeichnet wurden.

Das Druckwerk ist die Superschreibmaschine des Rechners; Leistungsangaben siehe weiter unten.

Beleglesegeräte. – Spezialgeräte können mit großer Geschwindigkeit Belege lesen, auf denen die Informationen mit mehr oder minder stilisierten Schriftzeichen eingetragen sind. Lesemaschinen für Handschrift (und auch für Maschinenschrift) gehören noch in das Reich der Journalistenträume.

Fernübertragungsgeräte. – Seit einigen Jahren sind direkte Fernverbindungen zum Rechner stark entwickelt worden. Der Rechner wird durch kodierte Mitteilungen gefragt, die mit Schreibmaschinen oder Spezialstiften eingegeben werden; er antwortet über Schreibmaschine oder Bildschirm.

An alledem ist nichts Mysteriöses; die Informatik hat sich mit der Fernmelde- und Fernsehtechnik verbündet, das ist alles.

Maschinensprachen

Die Befehle und ihre Reihenfolge enthalten die gesamte Logik eines Problems, seinen Algorithmus. Sie konstituieren das Programm.

Die Programme können je nach der Kompliziertheit des Mensch-Maschine-Gesprächs in verschiedenen Formen mitgeteilt werden:
- Maschinensprache,
- Assemblersprache,

– Makrobefehle
– algorithmische Programmiersprachen (ALGOLFORTRAN, COBOL, PL/1 usw.).

Alle werden mittels eines Wörterbuchs im Laufe einer Übersetzungsoperation im Rechner auf die eine, letzten Endes sehr einfache Maschinensprache zurückgeführt, die er kennt. Dabei gibt es zwei Befehlstypen:

Rechenoperation. – Beispiel: „21 0200 0245" heißt „Addiere (21) den Inhalt von Adresse 0245 und Adresse 0200 und gebe das Resultat nach Adresse 0200."

Verzweigung. – Beispiel: „02 0508" heißt „Wenn der erste nach dem vorigen Befehl verglichene Term größer ist als der zweite, führe den nächsten Befehl aus, wenn nicht, springe zu Befehl 0508 des Programms."

Die Operationskodes können zahlreich und unterschiedlich sein.

Jeder Algorithmus läßt sich auf eine Folge von Befehlen des einen oder des anderen Typs in Maschinensprache zurückführen.

Verfügt man über eine hochentwickelte Sprache, so ist die Programmierung noch einfacher: „Addiere die Prämie zum Grundlohn." Es genügt dann, zu Beginn des Programms zu präzisieren, an welcher Speicherstelle man Prämie und Grundlohn zu speichern gedenkt.

Soweit also ein sehr rascher Überblick über die Operationsprinzipien der Informatik. Jetzt gilt es zu präzisieren, wie dies alles je nach den spezifischen Bedürfnissen dieses oder jenes Benutzers angewandt wird, welche Kriterien für die Wahl dieses oder jenes Rechnertyps gelten bzw. dafür maßgeblich sind, daß die Mechanisierung in diesem oder jenem Unternehmen nicht oder noch nicht nötig ist.

3. *Schlüssel zur Beurteilung der richtigen Wahl und Nutzung eines Rechners*

Leistungen

Die Zentraleinheit. – Die Ausrüstungen, die die Hersteller anbieten, haben innerhalb derselben Generation im wesentlichen dieselben Charakteristiken. Schwankungen zeigen sich von einem Typ zum anderen, und die Typen sind in der Hauptsache durch zwei Merkmale ihrer Zentraleinheit definiert, aus denen sich die anderen kleineren Unterschiede großenteils ergeben. Es handelt sich um

– die Kapazität des Hauptspeichers, die zwischen 4000 Zeichen und mehr als einer Million Zeichen schwankt; man stuft die Rechner oft in drei Kategorien ein, kleine (4000 bis 12000), mittlere (16000 bis 128000) und große (darüber);

– die Zykluszeit; sie schwankt ziemlich wenig (vom Einfachen bis zum Dreifachen) je nach System und liegt gegenwärtig in der Größenordnung von einigen Nanosekunden (Milliardsteln einer Sekunde). Der Laie wird schwer beurteilen können, was das konkret bedeutet, und außer bei großen Systemen, wo die Schnelligkeit eines Hauptspeichers die meiste Zeit über maximal zu wirklicher Arbeit genutzt wird, ist die Ausführungsgeschwindigkeit durch die Leistungen der Peripheriegeräte bedingt, wobei die spezifische Rechenzeit überdeckt wird durch die mechanischen Totzeiten des Druckwerks oder des Magnetbandlaufwerks (das versteht sich in etwa unter der sogenannten Simultanität Eingabe-Verarbeitung bzw. Verarbeitung-Ausgabe).

Das Lesen. – 80spaltige Karten werden mit Geschwindigkeiten von 150 bis 1500 Karten/Minute gelesen. Wenn man täglich bedeutende Kartenmengen zu lesen hat, kann man sich, um den Rechner nicht durch eine sehr langsame Operation zu versperren, so einrichten, daß gleichzeitig andere Informationen verarbeitet werden, vorausgesetzt natürlich, daß sie nicht die Benutzung eines Lochkartenlesers verlangen.

Magnetbänder werden mit einer Geschwindigkeit von 40000 bis 120000 Zeichen/Sekunde gelesen. Die Start-Stop-Lücken zwischen je zwei Blöcken (s. o.) mitberechnet, wird ein Band zu 10 Millionen Zeichen mit 30000 Sätzen in weniger als 10 Minuten gelesen und umgespult; ein Sortieren zur Änderung der Ordnung in der Datei dauert bei derselben Menge weniger als eine Stunde.

Bei Magnetplatten wird ein Wort auf einer Platte in 20 bis 40 Millisekunden gefunden, gelesen und rückgeschrieben.

Das Drucken. – Das Druckwerk schreibt 600 bis 1800 Zeilen zu je 120 bis 140 Zeichen in der Minute. Wegen der Zeilenabstände, Papiersprünge usw. muß diese theoretische Geschwindigkeit um 10 bis 20% verringert werden.

Man wird weiter unten sehen, ahnt es aber schon, daß für die Beurteilung der Kosten der Mechanisierung einer Arbeit oder ... eines Unternehmens die Ausführungsdauer auf diesem oder jenem Rechner bestimmend ist. Die Zeitberechnung erfolgt Programm für Programm, man sagt auch VE für VE (Verarbeitungseinheit), die Worte entsprechen je nach Maschinengröße verschiedenen Definitionen, aber der gesunde Menschenverstand will, daß man eine Kette von Arbeiten (z. B. die Arbeiten an den Auszügen per Ende des Monats) immer dann untergliedert, wenn eine Datei neu geordnet (man arbeitet nicht mehr in derselben Reihenfolge, und jedes Sortieren setzt das Maximum an Bandlaufwerken in Bewegung) oder ein Drucker neu eingestellt (man muß die Arbeit unterbrechen und die zu den vorigen VE verwendeten Dateien umspulen) wird. An den mittleren Rechnern der dritten Generation bestimmt der Drucker die VE-Zeiten, wenn er arbeitet; wird er nicht gebraucht, so ergibt sich der maximale Zeitverlust durch das Bandlaufwerk, das am meisten arbeitet.

Genauere Vorstellungen kann man sich anhand eines kleinen theoretischen Beispiels machen.

Man besitzt eine alphabetisch geordnete Datei von 100000 Sätzen zu je 200 Zeichen, man will sie durch 10000 Streichungen und 10000 Neueintragungen aktualisieren, nach einem bestimmten Kriterium 40000 Sätze entnehmen, sie nach dem Versandschlüssel sortieren und Etiketts zu je fünf Zeilen und jeweils vier nebeneinander drucken.

Angenommen sei, daß
- der Kartenleser mit 1000 Karten/Minute „arbeitet“,
- die Magnetbandlaufwerke 60000 Zeichen/Sekunde „schaffen“,
- das Druckwerk für 1200 Zeilen/Minute „gut ist“.

Dann sind alle Elemente zur Berechnung der Verarbeitungszeit für fünf VE gegeben.

a. Von Karten auf Band und Kontrolle:
- Lesen von 20000 Karten: Theoretisch 20 Minuten, praktisch 30 Minuten;
- Kontrolle gleichzeitig;
- Schreiben auf Magnetband gleichzeitig.

b. Sortieren der Bewegungsdatei:

Ein Sortiervorgang verlangt soviel Zeit wie 5 bis 8 Lesevorgänge.

Lesezeit: $\frac{20000 \cdot 200 \text{ Zeichen}}{60000 \text{ Zeichen/Sekunde}} = 2$ bis 3 Minuten (praktisch).

Sortierzeit: 2 Minuten · 5 = 10 Minuten (praktisch).

c. Aktualisierung und Entnahme:

Die Datei mit der größten Lesezeit ist die Bestandsdatei mit 20 Millionen Zeichen, sie „steht" auf zwei Bändern und wird in etwa 15 Minuten gelesen.

$\frac{20 \cdot 10^6 \text{ Zeichen}}{60 \cdot 10^3 \text{ Zeichen/Sekunde}} = 300$ Sekunden, theoretisch, man muß jedoch Zeit für das Rückspulen, den Bänderwechsel, usw. berücksichtigen.

d. Sortieren nach dem Versandschlüssel:

Es sind doppelt soviel Wörter zu sortieren wie beim vorigen Sortieren, ergibt etwa 20 Minuten.

e. Drucken:

$\frac{40000 \text{ Sätze} \cdot 5 \text{ Zeilen}}{1000 \text{ Zeilen/Minute} \cdot 4} = 50$ Minuten.

Die gesamte Arbeit läßt sich in etwa zwei Stunden ausführen.

Wahl der Konfiguration

Selbst ohne ins Detail zu gehen, ist nach derartigen Berechnungen besser begreiflich, wie davon ausgehend die Wahl einer Konfiguration erfolgen kann. Zuerst sind einige Optionen nötig; in ihrem Rahmen folgt dann ein genaueres Herangehen.

Soll man mechanisieren oder nicht? Jetzt oder später? Einen Rechner aufstellen lassen oder ein Lohnunternehmen beanspruchen? Hier kommen ökonomisch-prognostische Erwägungen ins Spiel, die jedoch in den „Vorschlägen" der Hersteller nicht immer besonders klare und besonders ehrliche Ansatzpunkte finden. Man muß den Gegenwert der Investitionen und der laufenden Kosten der Mechanisierung herausbekommen. Außerdem kann man den Bilanzvoranschlag des Projekts nicht genau aufstellen, es gibt zuviel Unwägbarkeiten, die Entwicklung der Gesellschaften, der Betriebs- und Herstellungstechniken wird immer schneller; eine begründete Entscheidung, nicht zu mechanisieren, kann sich zwei Jahre danach als katastrophal erweisen; die auf (selbst defizitäre) Mechanisierung eingeschworene Konkurrenz kann z. B. neue, durch die Informatik möglich gewordene kommerzielle Erkundungsmethoden vorschreiben. Umgekehrt ist es auch sehr gefährlich, zu früh zu mechanisieren; nach zwei Jahren kann die Vermehrung und Verbilligung der Endplätze die ganze durchgeführte Investition hinfällig machen.

Es gibt jedoch Erfahrungsregeln, die nur selten nicht zutreffen:

– Dort, wo bereits mehr klassische Lochkartentechnik vorhanden ist als eine oder zwei Tabelliermaschinen, ist der Elektronenrechner nötig.

– Wenn man, und sei es nur papiermäßig, schon für die ersten Liefermonate eine Nutzung von je 150 bis 180 Stunden ausweisen kann und diese Arbeit für bisher wirklich geleistete manuelle Arbeit steht, wird man kaum fehlgehen, wenn man einen Rechner bestellt oder seine Dienstleistungen mietet.

Sobald die Hypothek der Mechanisierung aufgenommen ist, können die Entscheidungen ein weit mehr technisches Aussehen haben: Es handelt sich um die Bestimmung der Arbeitsvolumen für die Wahl der Konfiguration, um die Präzisierung der Hauptzüge der Arbeitsweise der mechanisierten Informationsverarbeitung, damit zwischen Bändern, Platten und Mischformen, zwischen Ja oder Nein zum Echtzeitbetrieb entschieden werden kann.

Tatsächlich handelt es sich auch dabei um Entscheidungen, bei denen der Techniker sehr wenig zu sagen hat: Seine Rolle müßte sich beschränken auf die Bestandsaufnahme der zu mechanisierenden Arbeiten und der Mechanisierungsarten, auf das Beziffern einer jeden Mechanisierungsstufe. Ob die Arbeiten in Anbetracht der Kosten und der Lage angebracht sind, ist von der Direktion zu beurteilen. Ihre Sache ist es auch, den Widerstand ihres Unternehmens gegen die Veränderungen, die Anpassungsfähigkeit ihrer Leitungskräfte an die neuen Methoden, das Neuanpassungs- und Umstellungsvermögen richtig zu beurteilen.

Mangels genauer Statistiken läßt sich schwer ein Vergleich zwischen der Angestelltenzahl in den Verwaltungssektoren und den monatlichen Kosten der Informatik herstellen; man kann folgende Hypothese vorbringen:

– 30 bis 300 Angestellte: Kleinrechner, 10000 bis 30000 F;
– 300 bis 1000 Angestellte: Mittlerer Rechner, 30000 bis 100000 F;
– mehr als 1000 Angestellte: Großrechner, 100000 bis 850000 F und darüber.

Diese Preise können, wie wir weiter unten sehen werden, mit 2 oder 3 multipliziert werden, um Personal, Investitionen, Strukturkosten, Zusatzmaterial und Fernübertragung mit zu berücksichtigen.

So hat dann ein Unternehmen mit 300 bis 400 Verwaltungsarbeitsplätzen oft ein Jahresbudget von 120 Millionen alten Franc zu tragen, die fast einem Viertel seines Personalbudgets entsprechen.

Die Zugriffszeit für die Wohltaten der Informatik ist nicht von derselben Größenordnung wie die des Hauptspeichers. Nach einem kommerziellen Vorschlag eines Herstellers, der höchstwahrscheinlich alle Ecken umgekrempelt hat, um ja nichts Mechanisierbares zu vergessen, muß man sich vorsichtshalber zuallererst fragen: „Kann das Unternehmen vier oder fünf Jahre lang eine Belastung ertragen, die einer Steigerung seiner Lohnkosten um 20 bis 25% entspricht?" Wenn die Antwort positiv ist, kann man die Vorschläge der Hersteller oder die Berichte der Studienbüros weit geneigter betrachten. Wenn sie negativ ist, muß man Stufen oder gar Notbehelfe vorsehen. Das gleich erschöpfend konzipierte „globale" Mechanisierungsvorhaben ist selten in weniger als drei oder fünf Jahren als Ganzes verwirklicht. Verschlüsselung, Umstellung der Karteien sind bereits Probleme mit äußerst komplexer Lösung. Es ist üblich und gilt als klug, vordringlich die Lohnrechnungs- und Buchführungsprobleme sowie das aus seiner Aktivität folgende Grundproblem des Unternehmens (Kundenauszüge, Quittungen, Versand) zum Gegenstand von Studien zu machen, also die traditionell vordringlich mechanisierten Probleme, und sie schleunigst auf den Elektronenrechner zu *verlagern*; damit wird außer acht gelassen, daß der Rechner nicht vorzugsweise dazu da ist, dasselbe nur schneller zu machen, was auch manuell gemacht werden kann, sondern hauptsächlich das zu realisieren hat, was bei manueller Ausführung nicht vorstellbar war. Das ist kein absolutes Gesetz; es gibt das Beispiel eines Großhandelsunternehmens für Materialversorgung, dessen Informatikzentrum völlig rentabel war, weil seinetwegen durch schnelleren Rechnungsversand die Geldmittel für 15 Tage eingespart wurden – hier kann noch gesagt werden, daß diese Beschleunigung „von Hand" nur möglich gewesen wäre, wenn man zehnmal soviel Personal eingestellt hätte (bei Viertagewochen).

Es scheint logisch und ist doch in Frankreich bei weitem nicht allgemein üblich, daß man sich sagt: Wenn nicht gesichert ist, daß man nach 6 bis 8 Monaten dem Rechner ein Minimum an Arbeitsstunden aufgeben kann (beispielsweise 150), dann steht es einem noch frei, sich an ein Service-Unternehmen zu wenden. Die Maschinenstunde „außer Haus" ist kaum teurer als die vom Hersteller vermietete, denn die Service-Unternehmen machen ihren Gewinn mit den Stunden, die bei 180 Monatsstunden beginnen und vom Hersteller zu 10% ihres Wertes offeriert oder vermietet werden.

Andererseits hindert nichts daran, daß man angesichts der Preise des betriebsfremden Programmierers von Anfang an sein eigenes Informatik-Studienpersonal hat, vor allem, wenn man letzten Endes weiß, daß man die „Rentabilitätsschwelle der Maschine" mehr oder minder rasch erreichen wird.

Die angebliche Wunderformel des Herstellers ist die Maschine aus dem Baukasten. Sie ist mit Vorsicht zu betrachten: Auch beim Baukastensystem ist der erste Rechner, der mit Erweiterungsabsicht gewählt wurde, eine Vorbelastung der späteren Entscheidungen.

Um nur ein Beispiel zu verwenden: Man nimmt die Serie IBM 360-30, eine gute mittlere Serie, und wählt für den Anfang einen Hauptspeicher von 16 K, in der Überzeugung, daß man beim Baukastensystem ohne weiteres auf 64 K ausbauen können wird. Das ist eine richtige Wahl, wenn sich die Notwendigkeit von 64 K nicht allzu bald bemerkbar macht. Man muß dann nämlich, Baukasten hin oder her,

– alle oder so gut wie alle Programme neu schreiben, denn mit 64 K entdeckt man die Tugenden von COBOL auf der Wartungsebene, und bei 16 K kann man COBOL nicht oder nur mit unwahrscheinlichen Verrenkungen verwenden;
– alle Verarbeitungsphasen neu konzipieren; die großen Programme sind zerstückelt worden, um für 16 K zu passen; alles muß neu aufgebaut werden.

Der Übergang von Bändern zu Platten, der Beginn der Echtzeit-Anwendung werfen die Nutzungsnormen und die bereits geschriebenen Programme um, auch wenn die Rechner noch so sehr auf dem Baukastenprinzip beruhen.

Man ersieht aus dem ganzen Abschnitt gut, daß die richtige Lösung bei einer Rechnerwahl im offenen und kritischen Gespräch zwischen dem Informatiker und dem für die Geschicke des Unternehmens verantwortlichen Leiter gefunden werden muß. Wenn dieses Gespräch zur Zeit der Wahl nicht stattfindet, ist überdies stark anzunehmen, daß die Informatik zur Zeit der Nutzung zum Staat im Staate wird – oder im Gegenteil zum Familienjuwel im zärtlich gestreichelten Gehäuse, vorzuführen bei großen Anlässen.

4. *Schlüssel zur Beurteilung der Rentabilität eines Informatikzentrums*

Letzten Endes können Direktor und Abteilungsleiter für Informatik nur dann eine gemeinsame Sprache finden, kann das maßgebliche Kriterium für den richtigen Betriebsablauf nur dann angemahnt werden, wenn man sich auf die Rentabilität bezieht. Wir werden uns kürzer fassen, weil die Dinge kein Geheimnis mehr sind und ihre Technik sich mehr eingebürgert hat – es gibt Lasten, Produkte, Investitionen. Wir wollen ein mittleres Rechenzentrum auf dem Weg über seine monatlichen Betriebskosten und seine Bilanz kritisch überprüfen.

Rechenbetrieb

– Ausrüstung (incl. nicht rückerstattete Neuwertsteuer)		49000
– Personal:		
Leiter	2800	
Wartungstechniker	1800	
Archivar	1500	
4 Bediener	6000	
Materialverwalter	1000	
	13100	
zuzüglich Lasten		19500
– Amortisierung der Räume		1500
– Büromaterial (Vordrucke, Bänder)		4500
Gesamt		74500

Ein Rechner wird für 180 bis 182 Stunden in Rechnung gestellt.

Wenn der Rechner hier 182 Stunden läuft, kommt der Preis der Stunde auf 400 F. Man ist im Normbereich; es ist das Äquivalent des Tarifs eines Service-Unternehmens, und hinzu kommen Schnelligkeit, Elastizität usw. Bei mehr als 180 Betriebsstunden macht man Gewinn, bei weniger Stunden rennt man seinem Ausgleich hinterher.

Man kann die Dinge nach dem Preis der gebrachten Dienstleistungen beurteilen, und zwar wieder im Vergleich mit den Preisen eines Service-Unternehmens:

– 3,50 F für die Lohnrechnung,
– 0,09 F für die Buchhaltungszeile,
– 20 F für je tausend versandfertige Etiketts, usw.

Locherei

Nehmen wir an, daß der Betrieb pro Monat zwischen 50000 und 100000 Lochkarten verbraucht.

Man braucht vier Arbeiterinnen eine Vorarbeiterin und sieben Maschinen, um Arbeitsspitzen mit zeitweilig beschäftigtem Personal abzufangen.

– Ausrüstungen: 7 · 500	3500 F
– Personal	9500 F
Gesamt	13000 F

Bei einem Lohnunternehmen kostet die Lochkarte etwa 0,30 F. Die Abteilung ist bei mehr als 40000 Karten „rentabel", darunter defizitär. Sie kann 150000 Karten/Monat absorbieren.

Projektierung und Programmierung

Nach ähnlichen Rechnungen lassen sich die Kosten eines Auftrags (Problemanalyse, Programmierung, Maschinentest) mit 1200 F/Woche veranschlagen.

Ehe man eine Studie in Angriff nimmt, wird man durch eine Voruntersuchung ermitteln, wieviel Mannwochen sie erfordert. Die Direktion wird ihr Interesse beurteilen, der

Abteilungsleiter hat dann Rechenschaft zu legen über die Realisierungszeit.

Absichtlich kühl und lakonisch gehalten, zeigt dieser letzte Hauptabschnitt, wie sehr Einführung und Betrieb eines Rechners in einem Unternehmen jenseits aller verschwommenen und komplex motivierten geistigen Spekulationen schließlich auf die traditionellen Regeln des richtigen Wirtschaftens zurückzuführen sind, die dem Verantwortlichen des Unternehmens gebieten, sich abzugrenzen vom Grandseigneur-Individualismus des Informatikers und vom Subjektivismus des Technikers, der da meint, er habe die Macht in der Hand, weil er über das Instrument des Informationsumlaufs und der Informationsverarbeitung verfüge, während er in Wirklichkeit preiswert die Elemente von Entscheidungen zu liefern hat, die er nie treffen wird.

Betriebsbuchführung, „Betriebskonto" der Abteilung, Betriebsplanung, Untersuchung der Abweichungen, Gestehungskosten sind Begriffe, die in Unternehmen von einem bestimmten Umsatz an immer geläufiger, immer mehr mit der Mechanisierung verbunden werden. Man wird die Gesundheit eines Unternehmens in Hinblick auf die Informatik daran messen, wieweit es verstanden hat, sein Bürotechnik-Zentrum neuen Stils auf funktionale Betriebsvorschriften festzulegen. Wenn es nicht dazu fähig war, wird man daran nur ermessen, wieweit es verstanden hat, die Informatik zu mystifizieren ... auf eigene Rechnung.

Elektronenrechner und Leitungskräfte

Eine unlängst veranstaltete Fernsehdebatte über „Elektronenrechner und Alltagsleben" sollte zweifellos – wie die meisten Sendungen, Populärdarstellungen, Pressebeiträge und Vorträge aller Art zu diesem Thema – „die Informatik entmystifizieren", ein Publikum beruhigen, das in der Mehrzahl jenem als so voller Wunder angepriesenen „logischen Zeitalter" merklich zurückhaltend, beunruhigt, skeptisch gegenübersteht.

Zu befürchten ist jedoch, daß diese Debatte in Wirklichkeit nur zur Festigung der Mythen, ja zur Schaffung von neuen beigetragen hat, daß man dem Publikum keine Aufklärung geboten hat und es nun nicht hindern kann, selbst das wahre Problem aufzuwerfen, nämlich, daß die Informatik ein Ensemble von Potentialitäten darstellt, das zu *radikal verschiedenen* Konsequenzen führen kann, je nachdem, welcher Gebrauch davon gemacht wird, also je nach der Weltanschauung, der sie zu dienen hat.

Das geschulte Ohr empfand immerhin einen Satz als Dissonanz in jenem lyrischen Konzert über die Informatik, das an dem Abend ausgestrahlt wurde. „Der Elektronenrechner", so hieß es, „ändert für den Arbeiter überhaupt nichts." Bei dem Satz hätte man verweilen sollen, was nicht geschah. Überhaupt nichts? Aber was ist dann mit jenen Beziehungen zwischen sozialem Fortschritt und technischem Fortschritt, die im allgemeinen als Zwangsläufigkeiten hingestellt werden, so daß die Entwicklung des letzteren alles weitere Nachdenken über die Mittel zur Beförderung des ersteren erspare? Hier war wie selten Anlaß zu fragen, warum es in der Tat durchaus scheint, daß die Informatik noch nicht zu einer merklichen Besserung der Lage der Werktätigen geführt hat, oft aber eine Verschärfung der lästigen Verpflichtungen für gewisse

Kategorien brachte (Auftauchen der Arbeit in aufeinander folgenden Gruppen auch in Branchen, wo diese Praxis bisher nicht existierte; Nachtarbeit; Überstunden – und bei Leitungskräften unbezahlte Überstunden – für „Feuerwehreinsätze", die oft wegen Fehlern in der Informatik-Vorbereitung, -Planung und -Politik notwendig werden) und als Rechtfertigung für neue Knebelungen diente, mit denen der Elektronenrechner selbst oft gar nichts zu tun hat (siehe den Fall der Fabrik, wo der Belegschaft bekanntgegeben wird, durch den Rechner sei man jetzt genötigt, für halbtägiges Fehlen einen ganzen Tag Lohn abzuziehen ...).

Wenn die Informatik dem Anschein nach für die Angestellten, für die Arbeiter nichts geändert hat, hat sie dann irgendwelche Änderungen für die Leitungskräfte, die Ingenieure und Techniker gebracht, wie man es ihnen in Aussicht gestellt hatte? In der Fernsehdebatte wurde auf die Frage nicht eingegangen. Sie ist um so mehr wert, daß man bei ihr verweilt, als die Techniker, die Ingenieure, die Leitungskräfte gerade das Publikum sind, an das sich die Propheten der Informatik mit Vorliebe wenden, um es zu ihrer neuen Religion zu bekehren. Um so mehr auch, als man oft ihrer Reserve, ja ihrer Abneigung gegenüber dem Rechner die Tatsache anlasten möchte, daß die Informatik bisher für die Unternehmen bei weitem nicht die versprochene „Revolution" bedeutet.

Diesen Leitungskräften, diesen Ingenieuren, diesen Technikern bemüht man sich zu erklären, daß sie die ersten Nutznießer dieser „Revolution" sein werden:

– Die Informatik werde ihre Funktionen „veredeln"; sie werde sie von den Routineaufgaben befreien, die ihnen den Arbeitstag stehlen, und ihnen dadurch erlauben, sich mit Tätigkeiten zu befassen, die ihren Kompetenzen und ihrem Status entsprechen – Denken, Planen, Neuerung.

– Sie repräsentiere definitionsgemäß die Rationalität; sie würden ihr Metier rationeller ausüben, die Entscheidungen würden wissenschaftlich getroffen; das Unternehmen insgesamt werde nicht mehr eine Welt eifersüchtig auf ihre Vorrechte bedachter Clans sein, die antagonistische Strategien gegeneinander aushecken und den „Gemeinnutz" vergessen. Dank dem Elektronenrechner komme das Reich der Wechselbeziehungen, des Mannschaftsgeistes, wo alle Bemühungen auf dasselbe Ziel gerichtet sind und zusammenstreben.

– Die Information, die großgeschriebene, wahre, objektive, authentische, werde endlich allen zugänglich sein. Es werde keine zurückgehaltene, von gewissen Leuten monopolisierte Information, keine insgeheim in den Direktionsbüros getroffenen Entscheidungen mehr geben, vor allem aber kein Hindernis mehr für die Dezentralisierung der Verantwortlichkeiten, der Entscheidungen, mit einem Wort, der Macht.

Daß die Informatik solche Wirkungen gestattet, ist gewiß. Aber es zeigt sich, daß sie sie nicht zwangsläufig herbeiführt und daß man solche Ergebnisse in den Unternehmen, die Elektronenrechner anwenden, sogar nur im Ausnahmefall feststellt. Man muß sich somit nach dem Warum fragen, also nach den Gründen dafür, daß sich diese Potentialitäten der Informatik in der Praxis faktisch nicht realisieren.

Die „Veredelung der Funktionen"

Es ist unbestreitbar, daß viele Leitungskräfte auch auf höherer Ebene ein gut Teil ihrer Zeit mit Routineaufgaben dahinbringen und daß eine Menge „Entscheidungen", die sie zu treffen haben, auf das Anwenden einfacher Vorschriften hinauslaufen. Unbestreitbar ist auch, daß der Elektronenrechner diese Arbeiten und diese Entscheidungen übernehmen kann. Aber wenn die Leitungskräfte Nutznießer dieser Möglichkeiten des Elektronenrechners sein sollen, wäre nötig:

– Daß er für derartige Aufgaben verwendet wird, daß es also rentabler ist, sie zu automatisieren, als sie manuell ausführen zu lassen. Das ist allgemein der Fall, wenn es sich um Operationen mit Wiederholungscharakter handelt, die bisher von hochbezahltem Leitungspersonal vorgenommen wurden; es ist nicht immer der Fall, wenn sie von geringer besoldeten subalternen Leitungskräften ausgeführt wurden.

– Daß den betreffenden Leitungskräften andere, qualifiziertere Aufgaben übertragen werden, die mehr Initiative und Kompetenz verlangen und mehr Verantwortlichkeiten implizieren. Das heißt, daß eine Neuverteilung der Funktionen, der Rollen, der Entscheidungsbefugnisse erfolgt. Sonst wird die von uninteressanten Arbeiten befreite Leitungskraft finden, daß ihr ein Teil ihrer Tätigkeiten genommen und durch nichts anderes ersetzt ist. Wenn der gewerkschaftliche Druck dann bewirkt, daß die Direktion vor Entlassungen zurückscheut, wird die Leitungskraft ihren Posten behalten. Aber explizit oder implizit wird sie in eine Situation gebracht werden, wo sie mehr oder minder bald veranlaßt ist, ihr Glück woanders zu versuchen.

– Daß die Leitungskräfte eine Zusatzbildung, eine Vervollkommnung erhalten, um sie zu befähigen, Verantwortlichkeiten zu übernehmen, Initiativ- und Neuererverhalten anzunehmen, die sie sich in ihren früheren Funktionen abgewöhnen mußten bzw. nicht aneignen konnten. Man erklärt oft den Widerstand der Leitungskräfte gegen Veränderungen, ihre offene oder versteckte Weigerung, bei der Einführung des Elektronenrechners zu kooperieren, mit ihrer Verhärtung, ihrem Unvermögen, ausgetretene Pfade zu verlassen. Das ist oft eine Art, absichtlich oder unabsichtlich von der Gefahr abzulenken, die die Informatik für recht viele von ihnen heraufbeschwört. Einigen fällt es vielleicht wirklich schwer, sich neue Denkweisen anzueignen; bei ihnen muß man sich fragen, ob die Strukturen, unter denen sie bisher ihre Tätigkeit ausgeübt haben, ihre bisherigen Funktionen, die ihnen gegenüber betriebene Unternehmerpolitik (Förderung der Abhängigkeit, der Bedingungslosigkeit) nicht die Hauptursachen jener eventuellen geistigen Faulheit sind, die man ihnen vorwirft. Man kann sich nicht zugleich ein unterwürfiges Leitungspersonal schaffen, das alles, was „von oben" kommt, unbestritten hinnimmt – und erwarten, daß es dynamisch und für den Fortschritt aufgeschlossen sei.

Elektronenrechner und Rationalität

Die Rationalität ist an der Tagesordnung. Die Informatik hat dazu beigetragen, die rationalistischen, wissenschaftstümelnden, technokratischen Thesen wieder zu bekräftigen, die in den letzten Jahrzehnten insbesondere durch die Forschungen von Betriebsökonomen, Organisationssoziologen usw. einiges von ihrem Glanz verloren hatten.

Wer sich nicht als bedingungsloser Vorkämpfer des „Rationellen" ausgibt, wer sich Fragen nach den *Zwecken* der jeweiligen Rationalität erlaubt, wer zu unterscheiden sucht, was sich auf rationelle Modelle zurückführen läßt und was nicht, oder der Ansicht ist, daß mit Rücksicht auf seine *Ziele und Interessen* oder die seiner Gruppe der Einsatz des Elektronenrechners womöglich ganz und gar nicht rationell ist – der wird sofort als Obskurant angesehen und den „Maschinenstürmern" des vorigen Jahrhunderts gleichgestellt.

Es scheint jedoch ganz klar, daß die Nutzung der Informatik *zu einem gegebenen Zweck* nur in bezug auf diesen Zweck rationell ist und daß sie für diejenigen, die nicht diesen Zweck verfolgen, nichts Rationelles an sich hat. Es scheint nicht weniger offensichtlich, daß die Informatik nicht den Widerstreit von Zielen und Interessen beseitigen kann; sie kann höchstens gewissen Leuten, die in der Lage sind, sie als strategisches Instrument zu gebrauchen, das Durchsetzen ihrer Interessen, ihrer Ziele gegenüber denen der anderen gestatten.

Außer den Interessengegensätzen, die mit der jeweiligen Stellung in den Produktionsverhältnissen zusammenhängen – und wegen derer die „Rationalität" der Informatik objektiv nicht für alle gleich sein kann –, gibt es im Unternehmen ein Auseinanderstreben der Ziele der verschiedenen Leitungskräfte und Abteilungen. Und zwar gleichsam definitionsgemäß eben wegen der Funktionen-, der Rollenteilung, die jedem einzelnen Individuum, jeder einzelnen Gruppe ein spezifisches Ziel zuweist. Diese auf jeden Fall verschiedenen Ziele, die sich theoretisch ergänzen, können in der Praxis wegen der Begrenztheit der Ressourcen, die das Unternehmen für ihre Realisierung bereitstellen kann, in Konkurrenz geraten. Man kann nicht gleichzeitig auf die kommerzielle Expansion setzen (dazu muß der kaufmännische Bereich bedeutende Mittel erhalten), die Produktion verdoppeln (das verlangt Investitionen für Ausrüstungen und erhöhte Aufwendungen für Arbeitskräfte), neue Erzeugnisse ausarbeiten (also im Bereich Forschung Investitionen vornehmen, die sich nicht kurzfristig rentieren), die Gemeinkosten senken usw. Was die einzusetzenden Mittel angeht, werden Wahlentscheidungen getroffen, erst auf der Stufe der großen Funktionalbereiche des Unternehmens und danach innerhalb derselben auf der Stufe der Abteilungen. Jeder bemüht sich nun, die Entscheidungszentren so zu beeinflussen, daß die Wahl dem mit seinen Befugnissen verbundenen Ziel dienlich ist. Die Beeinflussungsmöglichkeit hängt davon ab, welche Trümpfe man in der Hand hat. Der eine Bereich oder der eine Verantwortliche, der als Experte auf einem für Nichtspezialisten schwer zu durchschauenden Gebiet gilt, wird mehr Aussichten haben, seinen Standpunkt durchzusetzen, als der Verantwortliche oder der Bereich nebenan, der wegen seiner besser durchsichtigen Aktivitäten und seines leichter von außen zu beurteilenden Bedarfs in dieser Hinsicht weniger manövrieren kann. Der Zugang zur Information ist ebenfalls ein wichtiger Trumpf bei den Strategien innerhalb des Unternehmens. Alleinbesitzer von Informationen zu sein, die für die Beschlußfassenden unentbehrlich sind, oder auf dem Weg der Information eine derartige Position zu haben, daß man sie als erster erhält, ist jeweils ein Trumpf, mit dem die Inhaber Einfluß ausüben können, um die Ziele ihres Sektors durchzusetzen und die zu ihrer Realisierung nötigen Mittel zu erhalten.

Diese Trümpfe kann die Informatik den bisherigen Inhabern nehmen, ohne ihnen dafür andere zu geben. Diese oder jene Funktion, die nach traditioneller Ansicht auf Intuition, Spürsinn, Erfahrung beruht, gab dem Ausübenden eine „Experten"qualität und daher eine gewisse Macht; bei den Informatikstudien kann sich herausstellen, daß sie in Wirklichkeit auf der Anwendung einer relativ begrenzten Anzahl identifizierbarer Regeln beruht und daß man eventuell die Maschine darin unterweisen kann. Damit aber verliert derjenige, der die Funktion ausübt, erstaunlich an Gewicht. Ebenso schwindet der Einfluß von Abteilungen, die bisher Alleinbesitzer bestimmter Informationen waren, sobald der Elektronenrechner ihnen dieses Monopol nimmt und den anderen Abteilungen, auf jeden Fall aber der Direktion, Angaben liefert, die man früher nur durch ihre Vermittlung erhalten konnte.

Gewiß kann die Informatik einigen mehr Gewicht verleihen; das gilt zum Teil für die Abteilungen, denen der Rechner untersteht und die folglich imstande sind, seine Nutzung festzulegen, und auch für diejenigen, deren Aktivitäten sich auf mathematische Modelle gründen können, die sich durch den Rechner aufstellen und nutzen lassen.

Man begreift, daß die Informatik nicht für alle Leitungskräfte, Ingenieure, Techniker jenes verheißene Instrument der Rationalität sein kann; praktisch bringt sie eine ganze Menge um ihre bisherigen Einflußmittel, ohne ihnen dafür neue zu bieten.

Man begreift auch, daß sie bei weitem nicht zum Verlöschen von Konflikten und Antagonismen führt, sondern oft dazu beiträgt, sie zu verschärfen. Es besteht keine Aussicht, daß der Elektronenrechner die Unternehmen – und gar erst die Gesellschaft – zu einem reinen Vernunftreich macht, wo die Aktionen, die Entscheidungen nach einmütig gebilligten Kriterien und Wertsystemen zustandekämen. Es besteht keine Aussicht, daß er die taktischen, die strategischen Dimensionen des Verhaltens innerhalb der Organisationen beseitigt.

Diese Dimensionen hängen mit den Phänomen „Organisation" selbst zusammen. Aber sie werden zweifellos durch die Stellung der Leitungskräfte in den kapitalistischen Organisationen verstärkt. Man kann tatsächlich annehmen, daß die Ausarbeitung von komplexen Strategien tendenziell zum Teil Selbstzweck und nicht mehr nur Mittel zum Erreichen von Zielen wird, insofern als die Leitungskräfte größtenteils von Entscheidungen politischen Charakters bezüglich Gang und Entwicklung des Unternehmens ausgeschlossen sind (die „Manager" haben nur Vollmacht, solange ihre Ansichten nicht denen der Kapitalbesitzer widersprechen), insofern auch, als es ihnen oft schwerfällt, ihre eigene Stellung zu bestimmen – in bezug auf die Unternehmer, denen sie immer weniger glauben können, daß ihre Interessen absolut mit ihren eigenen übereinstimmen, und in bezug auf die übrigen Lohnarbeiter, von den man ihnen gesagt hat, daß sie eine von der ihren nicht reduzierbar verschiedene Art bildeten.

Der Mythos der Dezentralisierung

Der Abstand zwischen Spekulationen und Realität zeigt sich womöglich am deutlichsten, wenn es um die Wirkung des Elektronenrechners auf die Entscheidungsstrukturen geht.

Auch hier wird – absichtlich oder nicht – zusammengeworfen, was der Rechner gestattet (seine Potentialitäten) und wozu er benutzt wird. Der Rechner kann tatsächlich die Dezentralisierung begünstigen. Ihr stand bisher im Wege, daß es schwierig war, den verschiedenen Stellen der Firma die ganzen Informationen zu übergeben, die es erlauben, dort nicht nur nach den örtlichen Gegebenheiten, sondern auch nach Unterlagen aus anderen Sektoren zu handeln, und daß es auch schwierig war, diese Handlungen zu koordinieren, ihren Zusammenhang hinsichtlich der allgemeinen Politik der Firma zu sichern. Durch

Beschleunigung, durch „Verdichtung" des Informationsflusses von der Spitze zur Basis und umgekehrt löst die Informatik diese Schwierigkeiten.

Aber sie gestattet auch, die Schwierigkeiten zu vermindern, die zuweilen zum Verzicht auf eine sehr ausgeprägte Zentralisierung geführt hatten. Oft konnte nämlich die Spitze nicht rechtzeitig die ganzen Informationen von der Basis erhalten, um die nötigen Entscheidungen zu örtlich auftretenden Problemen zu treffen, so daß ein Teil der Entscheidungen dezentralisiert werden mußte. Der Rechner löst die Schwierigkeit, weil er die Weiterleitung und Verarbeitung der Informationen erheblich beschleunigt.

Der Rechner gestattet also ebensogut eine Rezentralisierung wie eine Dezentralisierung. Und doch stellt man allgemein fest: *Teils ändert er überhaupt nichts* an den Strukturen, und das gilt zum einen für stark reglementierte Unternehmen mit „bürokratischem" Charakter, wo offenbar die Existenz einer sehr genauen Festlegung der Befugnisse, Verantwortlichkeiten, Status der Direktion selbst die geringste Veränderung erschwert, und zum anderen für jene Unternehmen, wo eine Dezentralisierung der Vollmachten auf den verschiedenen Ebenen eine schwer in Frage zu stellende Autonomie entwickelt hat; *teils führt er zu einer Verstärkung der Zentralisierung* in den Fällen, wo die Macht bereits stark an der Spitze konzentriert war.

Das ständige Zusammenwerfen von Möglichkeiten und Wirkungen des Rechners beruht darauf, daß eine Tatsache nicht berücksichtigt wird: Der Rechner kann zwar eine erhebliche Informationsmenge absorbieren, verarbeiten, liefern, er legt aber nicht fest, wem diese Informationen zugehen sollen. Diese Festlegung obliegt dem Menschen, genauer gesagt denjenigen, die in der Lage sind, vorzunehmende Reformen der Entscheidungsstrukturen zu beschließen, und sie vorschreiben können. Diese Menschen, die schon vor dem Eintreffen des Rechners die Macht innehatten und auch die Macht haben, über seine Anwendung zu entscheiden, sind selten darauf erpicht, die Informatik im Sinne einer Teilung dieser Macht zu nutzen. Das läuft darauf hinaus, daß die Informatik einen Trumpf für jene bedeutet, die schon Trümpfe in der Hand hatten, selten aber für diejenigen, denen sie fehlten. Es ist kein Fall bekannt, wo Leitungskräfte, die der Direktion gegenüber einen geringen Handlungsspielraum hatten, das Kräfteverhältnis dank der Informatik zu ihren Gunsten verändern konnten. Gewiß sehen einige Leitungskräfte, wie schon gesagt, daß sich ihre Stellung durch den Rechner *gegenüber der ihrer Kollegen* verbessert. Aber für das Leitungspersonal im ganzen bleibt die Lage weitgehend unverändert. Und es hat nicht den Anschein, daß Fortschritte in der Informatik wie die Fernverarbeitung diese Lage ändern könnten. Denn auch die Fernverarbeitung kann zum einen dazu verwendet werden, Informationen zu sammeln, Weisungen zu übermitteln, ihre Ausführung zu kontrollieren, und zum anderen dazu, den Leitungskräften Unterlagen für ihre Entscheidungen in die Hand zu geben und sich Gewähr für die Bündigkeit dieser Entscheidungen zu verschaffen.

Die Informatik impliziert an und für sich nicht, daß Funktionen, Status, Machtposition der Leitungskräfte, Ingenieure, Techniker aufgebessert werden. Sie gestattet es, erzwingt es aber nicht. Wie sie auch gestattet und ebensowenig erzwingt, daß ihre Funktionen, ihr Status, ihre Machtposition ernstlich beeinträchtigt werden.

Die Technik macht politische Entscheidungen nicht überflüssig. Jeder ihrer Fortschritte zieht vielmehr nach sich, daß diese Entscheidungen zwingender, bestimmender werden – und daß die Konsequenzen, zu denen sie führen können, unterschiedlicher, gegensätzlicher werden.

Es wurde gesagt, zu den Eigentümlichkeiten der Informatik gehöre es, daß sie auch die Leitungskräfte anbetrifft und nicht mehr nur die Angestellten, die Arbeiter, wie es bei den früheren Etappen des technischen Fortschritts der Fall war. Diese haben den Werktätigen im Vergleich zu den Gewinnen, die sie den Unternehmern eintrugen, wenig Nutzen gebracht. Sie haben dafür aber ein Bewußtwerden gefördert, das zuvor durch die Unterschiedlichkeit der Arbeitssituationen, durch die Zerstreuung der Werktätigen auf eine Vielzahl von kleinen handwerklichen Betrieben erschwert war. Es ist zu bezweifeln, daß die Leitungskräfte von der Informatik so viel Nutzen haben werden, wie man ihnen einredet. Sie kann sie dagegen dazu bringen, daß sie sich ihrer wirklichen Lage bewußt werden, der Unbeständigkeit ihres Status im Unternehmen, des Zusammenlaufens ihrer Interessen mit denen der anderen Werktätigen. Unter dieser Bedingung werden sie gemeinsam mit diesen zu Nutznießern der Informatik werden.

Elektronische Kriegführung

Einen besonders wichtigen Aspekt der Geschäftstätigkeit namhafter Rechnerhersteller und anderer bekannter USA-Firmen beleuchtet William J. Pomeroy unter dem Titel „Elektronische Kriegführung". Er schreibt u. a.:

„Andeutungen über ein elektronisches oder automatisiertes Schlachtfeld kamen bereits 1968 erstmals aus Pentagon-Quellen, als ein Wissenschaftlerteam vom damaligen Verteidigungsminister Robert MacNamara an die Arbeit gestellt wurde, ein System elektronischer Detektorsperren zu vervollkommnen, um das ‚Einsickern' von Befreiungskräften zu verhindern. Ergebnisse dieser geheim durchgeführten ‚wissenschaftlichen' Arbeit wurden in einem Artikel des *Armed Forces Journal* vom 15. Februar 1971 genannt, der über den Abwurf einer großen Anzahl elektronischer Geräte längs des sogenannten Ho Chi Minh-Pfades berichtete.

Seitdem wurden ausgedehnte Gebiete in Südvietnam und Laos und im Südteil der Demokratischen Republik Vietnam mit solchen Geräten abgedeckt. Dieses Netzwerk akustischer, seismischer oder wärmeempfindlicher Geräte, die mit kleinen Fallschirmen über die Erde verstreut oder in die Bäume gehängt werden können und durch bemannte oder unbemannte Patrouillenflugzeuge mit Elektronikausrüstung ergänzt werden, ist die erste Stufe des elektronischen Schlachtfelds.

Die zweite Stufe ist die Kommandozentrale mit Elektronenrechner, der die Information aufnimmt und verarbeitet und Ausführungsbefehle aussendet. Die dritte Stufe bildet ein Waffennetz – entweder Raketen- oder Rohrartillerie-Batterien und Bomber der Luftwaffe oder zuvor gelegte und per Fern-

* Für seine Zusammenstellung danken wir dem Übersetzer. – Anm. d. Red.

steuerung gezündete Minen, die sämtlich rasch gegen ausgemachte Ziele eingesetzt werden können.

Ein Gerät, ‚Menschenriecher' genannt, kann menschliche Perspiration auf große Entfernung entdecken, weil es auf Spuren von Ammoniak anspricht. Ein anderes, ein Metalldetektor, reagiert bereits auf eine Münze in der Tasche oder einen Metallknopf. Meist sind sie relativ unsichtbar, wie jenes Gerät, das sich in die Erde einbohrt und eine wie eine Tropenpflanze aussehende Antenne ausfährt.

Das Entsetzliche an dem elektronischen Schlachtfeld ist, daß seine amerikanischen Bedienungsmannschaften nie das Ziel sehen, auf das sie den Tod niederhageln lassen. Für Laos befindet sich die computergesteuerte Kommandozentrale auf dem Stützpunkt Nakhom Phanom in Thailand, mit Satellitenverbindung zum Pentagon. Ein Offizier kann in Washington sitzen, auf elektronische Geräte reagieren und Waffen in jedem Teil Indochinas auslösen.

Die Geräte können absolut nicht unterscheiden, ob das, was sie entdecken, ein Soldat, eine Frau, ein alter Mensch, ein Kind, ein Bauer oder bloß ein Arbeitstier ist. Eine mechanische Todesmaschine ist wie ein Gitter über Indochina ausgebreitet und mordet drauflos, gegen jedes Lebewesen. In vielen Fällen ist nicht einmal ein menschlicher Befehl nötig: Den Befehl gibt der Rechner.

Zu den neuen Waffen, die so blindlings ausgelöst werden, gehört der ungeheuerliche ‚Daisy-Cutter' oder ‚Cheeseburger' BLU-82/B, eine 15000-Pfund-Bombe von 11 Fuß Länge und 4 bis 5 Fuß Durchmesser, die genau über der Erde explodiert und alles menschliche, tierische und pflanzliche Leben auf einer Fläche von 770 Acres tötet. Angeblich zum Ausroden von Hubschrauber-Landeplätzen in Waldgebieten bestimmt, wurde sie zu Hunderten auch gegen vermutete Truppenstandorte *und gegen zivile Ziele* eingesetzt.

Per Rechner ausgelöst werden auch neue Formen von Napalm und anderen Brandmitteln, darunter das ‚Super-Napalm', das bis zu 3600 Grad Fahrenheit Hitze entwickelt.

Dicht über das Land ausgestreut wurde eine Fülle von Waffen gegen lebende Ziele, für ebenso unterschiedslose Wirkung bestimmt, aber ganz für das Töten oder Verstümmeln von Menschen ausgelegt. Die meisten sind raffiniert dazu eingerichtet, Nichtsahnende zu zerfetzen. Die Ananas-, die Orangen- und die Guava-Mine haben etwa Größe, Form und Aussehen der Früchte, nach denen sie benannt sind. Die ‚Silent-Button'-Kleinbomben sehen aus wie Tierkot. Die Drachenzahn-Mine ist klein, leicht und mit einem Plastflügel versehen, so daß sie vom Wind getragen werden kann wie ein Ahornsamen.

Ein anderer niederträchtiger Sprengkörper, die ‚Gravel Mine' (Schabernack-Mine!) wird in verschiedenen Formen hergestellt, so daß sie wie totes Laub, wie ein gefaltetes Taschentuch oder wie ein Verband aussehen kann. Man hat sie in Hüllen aus buntem Stoff gefunden, der Kinder anlockt, weil er für Puppenkleider ideal wäre. Sie enthält 20 Gramm Sprengstoff und kann den Fuß, die Hand oder das Gesicht zerfetzen.

An Pfaden, die womöglich jeder Bauer benutzt, wird die Spinnen-Mine abgeworfen, eine runde Mine von der Größe eines Tischtennisballs, die acht Nylonfäden von etwa 25 Fuß Länge auswirft; wenn man über sie stolpert, zünden sie die Mine.

Über die DRV wie über Südvietnam ausgestreut, sind diese Lebendziel-Waffen absichtlich ebenso gegen die Zivilbevölkerung wie gegen die Streitkräfte gerichtet, um Menschenverluste zu verursachen und zu demoralisieren.

Nach jedem Krieg ist es eine große Aufgabe, ehemalige Kampfgebiete von nichtexplodierten Granaten, Minen und anderen Gefahren für die Land- und Forstwirtschaft zu säubern. Selbst nach der Befreiung von Südvietnam, Laos und Kambodscha wird die Bevölkerung dieser Länder vor einem Säuberungsproblem bisher unbekannten Ausmaßes stehen. Unvermeidlich werden noch jahrelang Zivilpersonen bei der Arbeit getötet und verstümmelt werden, wenn diese mörderischen Geräte vom Pflug, vom Wagen oder von der erntenden Hand berührt werden."

W. J. Pomeroy führt an, daß binnen drei Jahren unter Präsident Nixon sieben Millionen Tonnen Sprengstoff – darunter drei Millionen Tonnen Bomben – hauptsächlich gegen Südvietnam eingesetzt wurden, daß mehr als 4,5 Millionen Acres Wälder und Felder durch Giftstoffe, 371 400 Acres durch Bombentrichter und weitere Flächen durch Ausroden von Wäldern mit Bulldozern verwüstet wurden; er spricht dabei vom ökologischen Mord an Südvietnam. Danach schreibt er:

„Die elektronische Kriegführung und die Herstellung der raffinierten Lebendziel-Waffen waren Nährboden für eine ganze neue Rüstungsindustrie. Die Rechnerfirma Honeywell, die Aufträge über mehr als 250 Millionen Dollar erhielt, gehörte zu den führenden Nutznießern der Nixon-Politik. Sie fabriziert die Guava-Mine, die ‚Gravel Mine', die ‚Silent Button'-Kleinbombe, den ‚Menschenriecher', CS-Gasbomben, Phosphor- und Napalmbomben. Das ist der Ausgangspunkt für die Honeywell-Aktion von Kriegsgegnern in Minneapolis, die die Firma als Kriegsverbrecher verurteilen ... In der neuen Welle von Demonstrationen und Protesten ... werden die Kriegsgewinnler und -verbrecher herausgegriffen und unter genau gezielten Druck gesetzt." (Siehe Daily World Weekend Magazine, New York, 22. 4. 1972.)

Wenige Monate später zeigt der junge amerikanische Quäker Arthur Fink, der sich Zugang zu einem Treffen von Rüstungsindustriellen und Pentagon-Vertretern verschafft hatte, daß auch die technisch fortgeschrittene Rechnerfirma Burroughs gerade mit ihren hochentwickelten „Time-sharing"-Systemen auf dieselben anrüchigen Geschäfte zielt wie der Rechner- und Munitionshersteller Honeywell. In *American Report* vom 4. Dezember 1972 schreibt Fink:

„‚Luftrüstung der Zukunft' war das Thema der 54. Jahrestagung für Verteidigungsbereitschaft, die die American Ordnance Association am 4. und 5. Oktober auf dem Luftstützpunkt Eglin veranstaltete. Die Tagungen für Verteidigungsbereitschaft ... sind Instruktionen für Rüstungslieferanten, die daran interessiert sind, ihr Rüstungsgeschäft unter dem Deckmantel ‚verbesserter nationaler Sicherheit' voranzubringen.

Die Treffen sind zwar eindeutig nur für eine ausgewählte Gruppe von Zivilisten und Militärs gedacht (ein Teilnehmer nannte sie treffend ‚geschlossene Gesellschaft'), aber ich konnte daran teilnehmen, weil ich einfach der American Ordnance Association beitrat und eine Teilnahmegebühr von 40 Dollar für das Treffen bezahlte. Soweit gekommen, wurde ich als jemand vom Militär-Industrie-Komplex angesehen und konnte folgende interne Einblicke in die Vorhaben erhalten, die der größte Zweig der Bundesregierung in Zusammenarbeit mit den größten amerikanischen Firmen als nächstes betreibt.

Am meisten liegt den Militärs, den meisten Sprechern zufolge, zur Zeit an Waffen, die eingesetzt werden können, d. h. an konventionellen Waffen für ‚begrenzte Kriege' ..., statt an Waffen, die für die strategische Abschreckung bestimmt sind und nicht für wirklichen Einsatz." „In der Hauptsache", so schreibt Fink, „ging es auf der Konferenz um Waffen für die Luftstreitkräfte, die ‚nicht so fürchterlich sind, daß ihr Einsatz anfechtbar wird'. Mit diesem Satz sollten schwere Nuklearwaffen ausgeschlossen werden, nicht aber die jetzt in Indochina eingesetzten Lebendziel-Bomben und -Minen, mit Brennstoff-Luft-Gemisch als Sprengmittel arbeitende Waffen, die zivile Schutzräume durchschlagen können, Napalmbomben usw.

Es war klar, daß es den Militärs bei der Planung neuer Luftrüstungen hauptsächlich auf Waffen für den Einsatz gegen Partisaneneinheiten in anderen kleinen Ländern als denen Indochinas ankommt. Die Nixon-Doktrin wird so aufgefaßt, daß wir selten amerikanische Landstreitkräfte in solchen Kriegen engagieren werden und unsere Hauptrolle darin sehen, einheimischen Streitkräften Luftunterstützung zu geben.

Die Vietnamisierung und der Einsatz von Kindern als Söldner in Laos sind demnach bloß ein anfängliches Experiment, und wir können erwarten, daß dieselbe Strategie an beliebiger anderer Stelle der Welt angewandt wird.

Generalmajor Leslie W. Bray, Direktor der Abteilung ‚Doktrin, Konzepte und Ziele' der Luftstreitkräfte, erklärte außerdem, daß wir zwar in vielen Teilen der Welt politische, psychologische und ökonomische Endziele haben, daß aber gewöhnlich die unmittelbare militärische Gewaltanwendung nicht der beste Weg zum Erreichen unserer Ziele wäre. Eine ‚niedrigschwellige Entfaltungsfähigkeit' seitens der Militärs könnte genutzt werden, um ausgeklügelteren Aktionen anderer Zweige des Staatsapparats (vermutlich wäre der Armeegeheimdienst eine solche Stelle) Rückhalt zu verleihen, unterstellte er."

Zu den „erregendsten Waffen" für solche Zwecke gehörten nach Angaben der Militärs die schon in zwei Typen in Indochina eingesetzten Brennstoff-Luft-Sprengwaffen, deren Druckwelle von einer großen Fläche ausgeht und daher nicht durch Laubwerk, Vertiefungen oder andere Deckungen beeinträchtigt werden könne, sowie die noch nicht eingesetzte, aber bald produktionsreife Hartstruktur-Munition, die ihren Energieinhalt erst nach tiefem Eindringen in feste Ziele wie Brücken, Fundamente und Deiche freisetzen soll. Die ganze Munitionsreihe solle weitgehend nach dem Baukasten-Konzept gestaltet werden, so daß Spezialwaffen aus Beständen von austauschbaren Detektoren, Zündern, Sprengsätzen, Leitsystemen usw. zusammengestellt werden könnten.

„Ein anderes Baukasten-Konzept, das die Militärs anscheinend erheblich interessiert", schreibt Fink weiter, „ist das Konzept der Digital-Avionik. Die Avionik eines Flugzeugs ist die ganze vielfältige Kontrollelektronik für die Navigation, die Flugkontrolle, die Nachrichtenverbindungen, die Feuerlenkung (für die Bordwaffen), die elektronischen Gegenmaßnahmen (zur Störung der gegnerischen Radars) u. a. Gewöhnlich wird jedes System getrennt mit Analogschaltungen betrieben, was sowohl aufwendig wie störanfällig ist. Außerdem hat jedes System seine eigene Anzeige, was in der Pilotenkanzel zu verwirrender Unübersichtlichkeit führt.

Das Konzept der Digital-Avionik beinhaltet, daß ein zentraler Time-sharing-Rechner für alle diese Funktionen benutzt wird, wobei die Eingaben von einer Trägheits-Meßeinheit, vom Radar, vom Infrarot-Sichtgerät, vom Bordwaffen-Leitsystem usw. kommen und die Ausgaben zu den verschiedenen Steuerungen und zu einer zentralen Anzeige gehen. Die Burroughs Corporation hat bereits ein derartiges System gebaut, und uns wurde zu verstehen gegeben, daß erhebliche Geldmittel für fortgeschrittene Digital-Bordrechner aufgewendet werden.

Auf jedem Gebiet lag der Nachdruck auf neuen technologischen Fortschritten, die den Militärs nutzen können . . . Durch Planungs- und Leitungsverfahren auf Rechnerbasis sollen bessere Lenk- und Kontrollsysteme geschaffen werden, so daß Luftmacht genau dann und dort bereitsteht, wo sie gebraucht wird und unsere gesamten Luftstreitkräfte besser integriert werden können.

Verbesserte Radar- und Infrarot-Detektoren werden die Treffsicherheit erhöhen . . . Weltraum-Plattformen werden als Träger für Waffen und Zielsuch-Systeme dienen können.

Wozu alle diese neuen Entwicklungen? Die offiziellen Erklärungen verwiesen auf neue und komplexere ‚Drohungsumwelten', die Entwicklung neuer feindlicher elektronischer Gegenmaßnahmen, die unsererseits fortgeschrittenere Gegen-Gegenmaßnahmen erforderten, usw. Ein Teilnehmer sagte mir, daß die ‚Technologie so weit fortgeschritten, aber noch nicht weit genug ist' und daß wir ‚am Gange bleiben müssen'.

Als ich ihn fragte, ob Männer, die eine derartige Konferenz

besuchen, nach der Sittlichkeit der Kriegführung oder nach der Sittlichkeit bestimmter Waffen fragen, antwortete er: ,Nicht besonders. Wahrscheinlich sind sie mit ihrer eigenen Meinung schon vor einiger Zeit ins Reine gekommen. Es sind hart arbeitende Menschen, die auf ihrem Gebiet gut sind.' An anderer Stelle der Diskussion sagte er mir, daß ,wir versuchen, die Dinge in dieser ziemlich unmoralischen Welt in einem viel zu moralischen Licht zu sehen'.

Eine Antwort, die zwischendurch in subtiler, aber deutlicher Sprache herauskam, ist, daß neue Waffen ein gutes Geschäft sind, sowohl für die Firmen, die von diesen Entwicklungen profitieren, als auch für das Militär und seine ganzen Bürokraten, die da Imperien aufbauen. Viele Spitzenmanager der Rüstungsfirmen waren früher Spitzenmilitärs im Pentagon, und so besteht ein sehr enges Verhältnis zwischen den Herrschaften auf der militärischen und auf der zivilen Seite des Kontrakt-Verhandlungstisches.

Die Männer auf dieser Konferenz, die sich mit abstrakten Beschreibungen von ,Drohungsumwelten' begnügen, hatten sich nie mit den menschlichen Dimensionen der Kriegführung auseinanderzusetzen. Viele der neuen Bomben und Raketen, die auf der Konferenz diskutiert wurden, sind direkt auf dem Luftstützpunkt Eglin entwickelt und getestet worden, aber die Bäume, die beim Testverfahren zerstört wurden, werden immer wieder ersetzt."

(Nach dem autorisierten Nachdruck in: Daily World Weekend Magazine, New York, 16. 12. 1972, S. 6–7.)

Anmerkungen

1 Im übrigen wird man hier als Anhang eine Darstellung wichtiger technischer Gegebenheiten und unterwegs Einzelerklärungen in den Fußnoten finden.
2 Amerikanischer Mathematiker (1894–1964).
3 Norbert Wiener, Cybernetics, 1947.
4 Leninpreisträger, Rechenzentrum der Akademie der Wissenschaften der UdSSR, Nowosibirsk.
5 Paris, November 1969.
6 Vgl. Quiniou/Font/Verroust/Philippe/Marenco, Les cerveaux non-humains, Denoël, 1969, S. 21.
7 K. Marx/F. Engels, Werke, Bd. 20, S. 24.
8 Ebenda, S. 26.
9 L'Ère logique, 1968.
10 F. Engels, Ludwig Feuerbach und der Ausgang der klassischen deutschen Philosophie, in: K. Marx/F. Engels, Werke, Bd. 21, S. 294.
11 Les cerveaux non-humains, S. 119.
12 G. Verroust in: Les cerveaux non-humains, S. 126.
13 K. Marx/F. Engels, Die deutsche Ideologie, I. Feuerbach in: DZfPh, Heft 10/1966, S. 1215f.
14 Antwort auf eine Frage während eines Vortrages von Herrn Valéry Giscard d'Estaing vor den Ingenieuren der École centrale des Arts et Manufactures am 5. Mai 1969, Quelle: Technique de l'ingénieur, S. H. 8760, Absatz 7.
15 Bauelement eines Elektronenrechners, insbesondere seiner logischen Schaltkreise.
16 Bauelement eines Elektronenrechners, mit dem sich ein binäres Zeichen (bit) – also die kleinste Informations„menge" – speichern läßt.
17 Aufgezeichnet von M. Karady, in: O/l Informatique, Januar 1971.
18 L'Informatique (Monatszeitschrift), Dunod, März 1970.
19 Bereits zitiert, 5. Mai 1969.
20 Nach Angaben d'Alemberts in der Encyclopédie war die „Ente" weniger perfekt als eine lebendige Ente, der „Flötenspieler" (ein anderer Automat von Vaucanson) jedoch besser als der Durchschnittsspieler im Lande.

21 Technique de l'ingénieur, 1970, S. H. 4560 1.
22 La Pensée, Oktober 1969.
23 P. Cossa behauptet zum Beispiel, daß „die Maschine nicht lernen kann" und „sich nicht dem Programm entziehen kann", das scheint heute ernstlich in Frage gestellt.
24 Le Monde, 29. 12. 1970, S. 7.
25 Garaudy par Garaudy, Éditions La Table Ronde, 1970.
26 Technique de l'ingénieur, 1970, S. H 10.7.
27 Ebenda, S. H 4530.1.
28 K. Marx, 11. These über Feuerbach, in: K. Marx/F. Engels, Werke, Bd. 3, S. 7.
29 A. Louria, „Vygotski et les fonctions psychiques", in: Recherches internationales à la lumière du marxisme, Nr. 51, 1966, „La Psychologie", S. 96.
30 Anhänger der Psychologie des Verhaltens (Behaviour).
31 K. Marx/F. Engels, Werke, Bd. 21, S. 298 und 282.
32 K. Marx, Grundrisse der Kritik der politischen Ökonomie, S. 75.
33 Im Jargon der Lochkartentechniker: „Lochkarten so klopfen, daß sie in eine Sortiermaschine oder in einen Leser gegeben werden können."
34 Die SPER setzt die Zahl der am 1. 1. 1970 installierten Rechner sogar mit 4930 an (3123 kleine, 1658 mittlere, 158 große); sie repräsentierten einen Wert von 8040 Millionen, davon 2200 Millionen aus dem Jahr 1969.
35 Informatique sélection veröffentlicht eine Statistik per 1. 1. 1971 ohne Angabe des Berechnungsmodus. Danach ist der Personalbestand bei den wichtigsten Herstellern in Frankreich 30000, bei den Benutzern 74000 (60800 im Privatsektor, 7100 in der Verwaltung, 6100 im nationalisierten Sektor). Bei den Service- und Beratungsgesellschaften seien 6000 Personen beschäftigt.
36 Der Kunde kann Operationen realisieren, ohne aus seinem Wagen aussteigen zu müssen.
37 Les cerveaux non-humains, Éditions Denoël, Februar 1970.
38 Les Informations, 2. Februar 1970.
39 Bei jedem Vertriebsdirektor der IBM stehen auf dem Schreibtisch drei Modelle, die die Bauelemente der drei Rechner„generationen" versinnbildlichen sollen. Man glaubt nacheinander zu erkennen:
– das Modell eines Hochofens, das sind die Elektronenröhren der ersten Generation,
– das Modell einer chemischen Verbindung, das sind die Transistoren der zweiten,
– das Modell eines Neubaugebietes, das sind die Festkörperschaltkreise der dritten.

Wenn man den Vertriebsdirektor nach den Merkmalen der vierten fragt, wird er einfach sagen, daß die Schaltkreise etwas mehr integriert sind (hundert aktive Elemente pro Modul statt zehn).

Tatsächlich hat das Generationskonzept mehr kommerziellen als technologischen Charakter: Die Serie IBM 360, die zur dritten Generation gerechnet wird, ist ausgeführt mit ... Kleintransistoren!

Es wird auch gesagt, die Zykluszeit der ersten Generation liege „auf dem Niveau" der Millisekunde, die der zweiten in der Größenordnung der Mikrosekunde, und bei der dritten spricht man von der Nanosekunde (Milliardstel einer Sekunde), aber da es sich um das Zehnfache oder Hundertfache dieser Einheiten handeln kann, ist die Sache schließlich wie bei den Immobilien-Anzeigen, nach denen Louveciennes acht Minuten von Paris entfernt ist (im Ferrari und um 4 Uhr morgens!). Es wird auch von Software-Generationen gesprochen, die den Hardware-Generationen entsprechen:

— 1. Generation: Programmierung in Maschinensprache,

— 2. Generation: Höher entwickelte Sprachen (Assembler),

— 3. Generation: Die vom Hersteller gelieferten Systeme übernehmen immer ausgedehntere Aufgaben: Änderungsdienst Multiprogramming, Time-sharing sind gängige Begriffe,

— 4. Generation: Die einen kündigen die Revolution der Software, die anderen eine langsame Evolution an.

Halten wir fest, daß zur Stunde 50% der Rechner der dritten Generation mit Software der zweiten Generation arbeiten.

40 F. Engels, Anti-Dühring, in: K. Marx/F. Engels, Werke, Band 20, S. 225.

41 L'Humanité, 13. März 1970.

42 Entreprise moderne d'édition, 1969.

43 Corbeil Essonne Informations, 1970.

44 Siehe Anhang II, „Elektronenrechner und Leitungskräfte".

45 Die von Lhermitte definierte Generallinie (siehe S. 23) ist die Einsparung von 1200000 Arbeitsplätzen im Tertiärsektor bis 1985.

46 Les cadres et l'informatique, 1970.

47 „Ich halte es nicht für gut, die gesamte französische Bevölkerung karteimäßig festzuhalten." Prof. Néel, in: 0/1 Informatique, Januar 1970.

48 Phänomen der Rückkopplung, siehe Kapitel I, S. 10.

49 Februar 1970.

50 Erinnern wir daran, daß Hardware („Eisenwaren") die Bezeichnung für alle Baugruppen des Rechners, Software die für die Anwendungsprogramme ist.

51 Daniel Garric, Fachjournalist (Le Figaro, Informatique), Verfasser von L'Informatique, révolution totale.

52 Nach dem Mathematiker Boole, dessen logische Gesetze in der Mengenlehre angewandt und praktisch beim Bau von Rechnern genutzt werden.

53 Thesen des PSU-Parteitages von Dijon (März 1969). Siehe Michel Rocard, Le P.S.U., Éd. du Seuil, 1969, S. 136.

54 Gérard Féran, in: Tribune socialiste (PSU), 14. 1. 1971.
55 Roger Garaudy, Le grand tournant du socialisme, Éd. Gallimard, 1969, S. 34.
56 La société bloquée, Éd. du Seuil.
57 La Revue des deux Mondes, Januar 1971.
58 W. I. Lenin, Werke, Bd. 25, S. 369.
59 F. Engels, Anti-Dühring, in: K. Marx/F. Engels, Werke, Bd. 20, S. 260.
60 Joë Metzger, in: I.T.C., Januar 1971, S. 3.
61 W.I. Lenin, Werke, Bd. 31, S. 78.
62 Siehe Ph. Herzog, Planification et politique économique en régime capitaliste, Éditions sociales, 1971.
63 F. Engels, Anti-Dühring, in: K. Marx/F. Engels, Werke, Bd. 20, S. 255.
64 Technique de l'ingénieur, 1970. S. 4. 530.
65 F. Engels, Anti-Dühring, in: K. Marx/F. Engels, Werke, Bd. 20, S. 258.
66 Ebenda, S. 259.
67 Siehe Autorenkollektiv der FKP, Der staatsmonopolistische Kapitalismus, Dietz Verlag Berlin 1972.
68 Siehe S. 79.
69 Im weiteren werden sie mit der Abkürzung NCM und die numerische Steuerung als NC bezeichnet.
70 Siehe hierzu Économie et politique, Februar 1970.
71 Diskret im mathematischen Sinn — diskontinuierlich, im Gegensatz zur „kontinuierlichen" Fertigung eines einzigen Gegenstands.
72 IBM-Modell von 1970: 15000 F pro Monat.
73 Rechnerserie der dritten Generation, 1966—1968 von IBM herausgebracht.
74 Compagnie internationale pour l'informatique.
75 National Cash Register.
76 Quelle: Sanso Science Corporation.
77 Zeit„teilung" unter mehreren Benutzern desselben Rechners; der Rechner wird über das Fernmeldenetz erreicht (Teleprocessing).
78 Bull-General Electric.
79 Eierköpfe: verächtlicher Jargonausdruck für „Intellektuelle".
80 „Amüsiert euch mit ihnen!"
81 „Denkt."
82 Im Bericht über die Optionen des Komitees für Elektronik, Informatik und Fernmeldeindustrie für den „VI. Plan" (veröffentlicht im April 1970) heißt es wortwörtlich: „. . . daraus ergibt sich der *relativ* bedeutende Platz der Informatik in der betrachteten Industrie, wo sie 1970 25 % der Aktivität repräsentiert, gegenüber 10 % für 1965. Diese Progression wird sich während des VI. Plans beschleunigen und ihr eine Rolle als Triebkraft in der allgemeinen Expansion des Sektors geben, wodurch der fundamentale Aspekt der im Verlauf des V. Plans eingeleiteten Aktionen in mehr qualitativer Art bekräftigt wird . . .". Man glaubt zu träumen.

83 L'Informatique, Februar 1970, S. 42.
84 Für jene, die mit der Eleganz der Sprache unserer Regierungen nicht vertraut sind, sei daran erinnert, daß „Schneewittchen" die IBM bedeutet.
85 Le Défi américain, Ed. Denoël, 1967, S. 152.
86 Ebenda, S. 161.
87 Erklärung von Herrn Allègre.
88 Informatique et Gestion, August 1969.
89 Informatique et Gestion, August 1969.
90 Ausgabe vom 10. 8. 1968.
91 Monatszeitschrift der Französischen Kommunistischen Partei, herausgegeben durch und für Ingenieure, Techniker und Leitungskräfte.
92 Ausgabe vom 5. Mai 1970.

FSC
www.fsc.org
MIX
Papier | Fördert gute Waldnutzung
FSC® C083411

Kolibri 360 GmbH
Ferdinand-Jühlke-Straße 7
99095 Erfurt, Deutschland
produktsicherheit@kolibri360.de